HALLE UND DIE MODERNE

44 O
modernes

IMPRESSUM

Herausgeber: Stadt Halle (Saale) – Der Oberbürgermeister
V. i. S. d. P.: Drago Bock, Pressesprecher
Gesamtprojektleitung: Dr. des. Anja Jackes, Fachbereich Kultur, Stadt Halle (Saale)
Konzeption, Projektkoordination, Texte & Bildredaktion: Christin Müller-Wenzel
Gestaltung und Grafik: Sisters of Design
Projektmitarbeit: Nils Fischer, Esther Tusch, Katja Ehrenberg, Eva-Loreen Scholz
Lektorat: Christiane Lober

Weiterführende Informationen zu Öffnungszeiten, Veranstaltungen oder Stadtführungen erhalten Sie im Fachbereich Kultur der Stadt Halle (Saale), Telefon: 0345-2213000 oder E-Mail: kultur@halle.de und in der Tourist-Information Halle (Saale) im Marktschlösschen, Marktplatz 13, 06108 Halle (Saale), Telefon: 0345-1229984 oder E-Mail: touristinfo@stadtmarketing-halle.de

www.moderne-halle.de

INHALT

>>>>>

CHRONIK

1918

Ende des Ersten Weltkriegs
Erste Modewoche wird in Berlin durchgeführt
Errichtung eines städtischen Wohnungsamtes in Halle

1919

In Deutschland erhalten Frauen mit 21 Jahren das Wahlrecht | Walter Gropius gründet in Weimar das Bauhaus
Paris etabliert sich wieder als Modestadt
Karl Völker gründet gemeinsam mit Richard Horn, Paul Horn, Karl Oesterling und Martin Knauthe die *Hallesche Künstlergruppe* als Untergruppe der *Novembergruppe*

1920

Erste Jazzplatten auf dem deutschen Markt | Internationale Dada-Messe in Berlin
Halles Bevölkerung erreicht 193 461 Personen

1921

Verleihung des Nobelpreises für Physik an Albert Einstein | Mode für den Sport spielt neuerdings neben der Gesellschaftskleidung eine wichtige Rolle
Ausbau der Unterburg Giebichenstein für die städtische Kunstgewerbeschule nach Plänen des Stadtbaurats Wilhelm Jost und des Direktors der Schule Paul Thiersch

1922

Gründung des Elektrokonzerns AEG
Der Metallbildner Karl Müller übernimmt die Metallklasse an der Kunstgewerbeschule | Neuaufbohrung der Solquelle Bad Wittekind zur Ankurbelung des Fremdenverkehrs

1923

Gründung der UdSSR | Hitlerputsch in München scheitert
Große Inflation in Deutschland macht die Mark wertlos | Ausgabe der Rentenmark beendet Inflation | Arbeitszeitverlängerung wegen Notlage der deutschen Wirtschaft | Dada-Zeitschrift Merz von Kurt Schwitters erscheint
Baubeginn für die neuen Gebäude des Solbades Wittekind | Bau der Umspannstation am Hallmarkt

1925

Reichspräsident Friedrich Ebert stirbt | Paul von Hindenburg wird Reichspräsident

Art déco als Stil kommt in Mode | Die schwarze Tänzerin Josephine Baker macht Furore | Der Charleston kommt nach Deutschland | Franz Kafkas Roman *Der Prozess* wird veröffentlicht | Louis Armstrong, der *King of Jazz*, gründet seine Combo *Hot Five*

Inbetriebnahme des Flugplatzes Nietleben anlässlich des *Deutschland-Rundfluges* | Nach Auflösung des Bauhauses in Weimar kommen zahlreiche ehemalige Bauhäusler als Lehrer an die Kunstgewerbeschule Burg Giebichenstein nach Halle; so übernimmt Gerhard Marcks die Leitung der Bildhauerklasse, Marguerite Friedlaender-Wildenhain die Leitung der Keramikabteilung, und Benita Koch-Otte wird Leiterin der Weberei

1924

Lenin, der Gründer Sowjetrusslands, stirbt | Stalin gewinnt Kämpfe um politische Führung

Thomas Mann schreibt den *Zauberberg* | Hitler schreibt in Haft *Mein Kampf*, wird vorzeitig entlassen und übernimmt wieder die NSDAP | Bereits 100 000 Rundfunkteilnehmer in Deutschland | Einführung der Reichsmark | Luftschiff Zeppelin überquert erstmalig den Atlantik

Ankauf der Sammlung Rosy Fischer aus Frankfurt am Main mit 25 Gemälden von modernen Meistern für das Kunstmuseum in der Moritzburg

1926

Gründung der Deutschen Lufthansa AG | Fritz Langs Film *Metropolis* hat Premiere | Coco Chanel entwirft in Paris das durch schlichte Eleganz wirkende *kleine Schwarze* (Gesellschaftskleid)

Alois Schardt wird Direktor des Kunstmuseums in der Moritzburg | Auf Initiative und im Auftrag des Regierungspräsidiums wird der Bauhaus-Meister Lyonel Feiniger beauftragt, malerische Ansichten der Stadt anzufertigen

1927

In Berlin gibt es Konflikte zwischen NSDAP und KPD | Arbeitsnotgesetz legt Zehnstundentag fest

Erfindung des Tonfilms

Halles Einwohnerzahl überschreitet die Grenze von 200 000 | Beginn der Bauarbeiten zur Errichtung des Kaufhauses der Firma C. F. Ritter in der Leipziger Straße 87–92 | Eröffnung des Flughafens Halle/Leipzig nördlich von Schkeuditz | Charles Crodel übernimmt neben Erwin Hahs die Leitung einer zweiten Malklasse an der Kunstgewerbeschule | Gründung der ersten Klasse für Sachfotografie an einer deutschen Kunstgewerbeschule durch Hans Finsler

1928

An der New Yorker Aktienbörse absoluter Rekordumsatz | Entdeckung von Penicillin | Erster kommerzieller Transatlantikflug des Luftschiffs *Graf Zeppelin* | *Dreigroschenoper* von Bertolt Brecht und Kurt Weill hat Premiere | Trockenhaube, Fön und elektrische Lockenwickler bringen Hochkonjunktur in die Friseursalons

Beginn der Bauarbeiten für den Verwaltungsneubau des Magistrats, den Ratshof | Übergang des Arbeits- und Berufsamts der Stadt in die Zuständigkeit des Reiches, das am Steintor ein neues Verwaltungsgebäude errichtet | Freigabe der neuen Giebichensteinbrücke nach 19 Monaten Bauzeit | Einweihung des Wasserturmes Süd | Fertigstellung des Kraftwerkes Trotha | Grundsteinlegung zum Bau der Lutherkirche | Eröffnung des Kaufhauses A. Huth | 1. Laternenfest an den Ufern der Saale | Enthüllung der Skulpturen *Kuh und Pferd* von Gerhard Marcks an der Giebichensteinbrücke | Marcks übernimmt nach dem Ausscheiden Paul Thierschs die Leitung der Kunstgewerbeschule

1930

NSDAP gewinnt bei der Reichstagswahl 107 Sitze

Der blaue Engel macht Marlene Dietrich zum Star | Empire State Building in New York – für viele Jahre das höchste Gebäude der Welt – wird errichtet

Halles Bevölkerung erreicht 203 875 Bürger | Fertigstellung der Pestalozzischule vor dem Hamstertor | Einweihung der nach Plänen von Wilhelm Ulrich erbauten katholischen Pfarrkirche Zur Heiligsten Dreieinigkeit | Eröffnung der Diesterweg-Schule

Schwarzer Freitag an der New Yorker Börse – Weltwirtschafts- und Finanzkrise

Alfred Döblins Roman *Berlin Alexanderplatz* erscheint | Thomas Mann erhält den Nobelpreis für Literatur | Luftschiff *Graf Zeppelin* fliegt um die Erde

Bau des Kaufhauses J. Lewin am Marktplatz 3–7 | Fertigstellung des städtischen Verwaltungsneubaus Ratshof | Aufnahme der Bauarbeiten für das AOK-Verwaltungsgebäude am Robert-Franz-Ring nach Entwürfen des Architekten Martin Knauthe | Berufung Hans Wittwers zum Leiter der Architekturklasse an der Kunstgewerbeschule Burg Giebichenstein

1929

1931

In Deutschland fast 5 Mio. Arbeitslose

Carl Zuckermayers Komödie *Der Hauptmann von Köpenick* feiert Premiere | Der Surrealist Salvadore Dali malt *Zerrinnende Zeit*

Eröffnung des von Hans Wittwer (Lehrer an der Kunstgewerbeschule Burg Giebichenstein) entworfenen Flughafenrestaurants auf dem Flughafen Halle/Leipzig | Berufung Prof. Emil Abderhaldens zum Präsidenten der Akademie der Naturwissenschaftler Leopoldina | Ankauf von elf Gemälden und 28 Zeichnungen von Lyonel Feiniger für 31 200 Reichsmark für das städtische Kunstmuseum durch den Magistrat der Stadt dank einer Schenkung des Oberbürgermeisters Dr. Robert Richard Rive

1932

Höhepunkt der Weltwirtschaftskrise | Nach der Reichstagswahl ist die NSDAP die stärkste Partei | Hermann Göring wird Reichstagspräsident

Filmstars wie Jean Harlow, Joan Crawford, Greta Garbo oder Marlene Dietrich prägen das modische Schönheitsideal der 1930er-Jahre

Beschluss des Magistrats zur Verleihung des Ehrenbürgerrechts an Oberbürgermeister Dr. Rive | Arbeitslosenzahl überschreitet 26 000 Personen

1933

Paul von Hindenburg ernennt Adolf Hitler zum Reichskanzler | Reichstagsgebäude in Berlin brennt nieder, Kommunisten verhaftet | Ermächtigungsgesetz gibt Hitler absolute Macht

SA vernichtet bei Bücherverbrennung 24 000 Werke | Erste Schaustellung von „entarteter" Kunst

Halles langjähriger Oberbürgermeister Dr. Rive scheidet aus seinem Amt | Boykott jüdischer Geschäfte in Halle

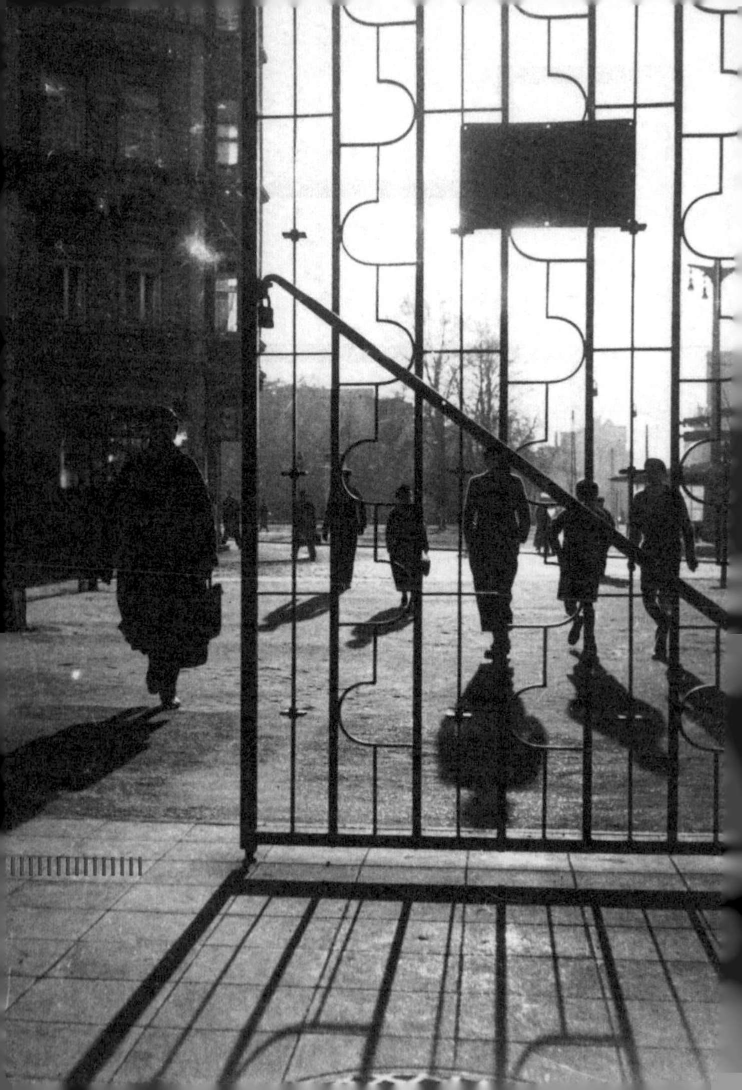

HALLE UND DIE MODERNE

Die Orte für modernes Bauen in Halle (Saale) sind vielfältig und außergewöhnlich. Sie lassen sich zum einen an der Siedlungsarchitektur, aber auch an Verwaltungs- und Verkehrsbauten, Geschäfts- und Gesellschaftsbauten, Schulen und Kirchen sowie an privaten und öffentlichen Bauten festmachen. Mit dem Gebäude der Allgemeinen Ortskrankenkasse AOK unterhalb der Moritzburg, dem Ratshof, der aus zweiter Reihe nach Abriss des historischen Rathauses auf dem Marktplatz nach vorne trat, oder der aufsehenerregenden, das Zeitalter der beginnenden Mobilität beschwörenden Großgarage in der Pfännerhöhe begegnet uns moderne Architektur einer Zeit, die sich dem Neuen Bauen in einer Reduktion von Material und Formen bei höchster Funktionalität verschrieben hatte.
Halle (Saale) zeigt ganze Wohnquartiere dieser spannenden Bauphase in den 1920er-Jahren, etwa am Johannesplatz, an der Vogelweide oder am Lutherplatz. Das Zentrum der Luthersiedlung bestimmt unweigerlich der monumentale Wasserturm Süd, der die Trink- und Brauchwasserversorgung des Stadtviertels regelte und proportional zur unaufhaltsam gedeihenden Industrie der Stadt entstand.
Aber auch die Giebichensteinbrücke, die eine Verbindung für den Verkehr zwischen der Stadt und

← Blick auf die geöffnete Toreinfahrt des ehemaligen Arbeits- und Betriebsamtes am Steintor um 1940

dem im Norden gelegenen Stadtteil Kröllwitz darstellt, gehört zu den bemerkenswerten Zeugnissen der historischen Brückenbaukunst, die sich trotz der Wucht des Betons durch ihre modern-versachlichte Form in das Saaletal einpasst. Die Stadt beeindruckt für die Zeit des Neuen Bauens ebenso im Kirchenbau. So zählt, am Rande des Lutherviertels gelegen, die Pfarrkirche Zur Heiligsten Dreieinigkeit, die sich auf einem sechseckigen Grundriss erhebt und deren Altarraum einer Wabe gleicht, zu den architektonisch einzigartigen, originellen Sakralbauten in Deutschland.

Wie breit und differenziert die Moderne in Halle (Saale) gewesen ist, verdeutlicht auch die einzigartige Kunstschule Burg Giebichenstein, die seit 1915 unter Paul Thiersch aufgebaut wurde und 1925 viele Bauhäusler aus Weimar nicht nach Dessau, sondern nach Halle (Saale) zog.

Die Stadt zeichnet sich somit in erster Linie nicht nur durch ihre architektonische, sondern auch durch ihre kulturellen Trümpfe nach der Jahrhundertwende aus. Die Sammlung des Museums für Kunst und Gewerbe in der Moritzburg konnte mit zahlreichen hochkarätigen Ankäufen ergänzt werden. Dazu zählte zum einen der Erwerb von 24 Gemälden aus der Sammlung Rosy Fischer (Frankfurt am Main) im Dezember 1924, wodurch Arbeiten von Ernst Ludwig Kirchner, Erich Heckel, Karl Schmidt-Rottluff, Emil Nolde, Otto Mueller, Oskar Kokoschka, Franz Marc, Pablo Picasso u. a. in die Sammlung des Städtischen Museums gelangten. Insbesondere auch eine Folge städtischer Ansichten, die der Bauhausmeister

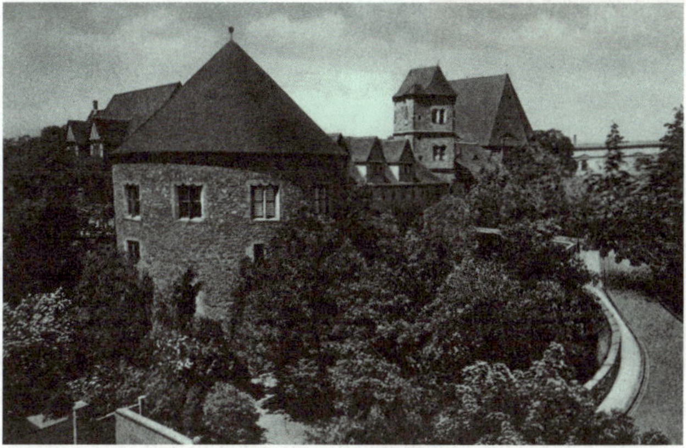

Lyonel Feininger in den Jahren zwischen 1929 und 1931 im Auftrag schuf, bereichern noch heute die Sammlung der Moritzburg. Der Magistrat der Stadt kaufte 1931 elf Gemälde und 28 Zeichnungen von dem Künstler für 31.200 Reichsmark an. Nach der Machtergreifung der Nationalsozialisten wurden neben Werken anderer Künstler auch die Arbeiten Feiningers als „entartet" diffamiert und in verschiedene Sammlungen zerstreut.
Heute besitzt das hallesche Kunstmuseum wieder drei Gemälde sowie zahlreiche Zeichnungen und Fotografien Feiningers. Weiterhin können die Besucher der Stadt auf einem interaktiven Rundgang die Inspirationsquellen Feiningers erleben und sich von den eindrucksvollen Perspektiven des Bauhausmeisters überraschen lassen.

SIEDLUNGEN

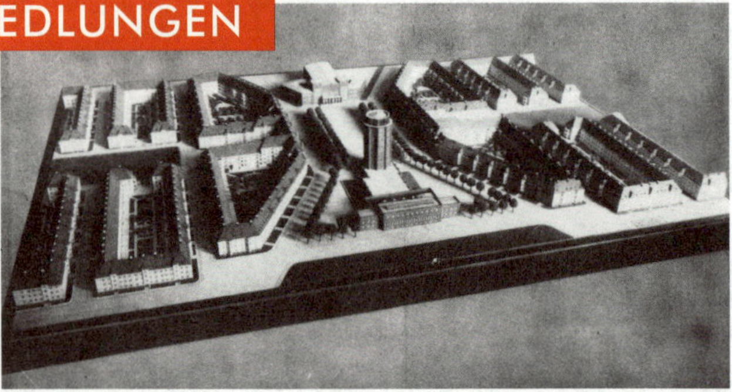

Die hallesche Wohnungs- und Baupolitik der 1920er-Jahre war maßgeblich von zahlreichen staatlichen Richtlinien und Verordnungen abhängig. So wurde ein Wohnungsamt gegründet, in dem alle den Wohnungsbau betreffenden verwaltungstechnischen Belange zusammenliefen. Wohnungen in Halle (Saale) zu planen und neu zu bauen, lag in den Händen des 1921 ins Amt berufenen Wohnungsdezernenten Paul May und des Stadtbaurats Wilhelm Jost. Durch eine gezielte Bodenpolitik nach dem Ende des Ersten Weltkrieges gelang es, den städtischen Besitz der bebaubaren Fläche zu steigern und damit die Grundvoraussetzungen für eine zukünftige Stadterweiterung zu schaffen.

Für den Wohnungsbau, der sich vor dem Krieg bevorzugt auf den Norden der Stadt konzentriert hatte, stand vor allem eine Bebauung des Südens im Fokus, da sich hier neben großzügigen Bauarealen für Großsiedlungen auch die Großbetriebe wie Ammendorf oder Leuna befanden und so

← Modell Siedlung Lutherplatz (mittlerer Bereich, Siedlung nicht identisch nach diesem Modell realisiert)

den Arbeiterinnen und Arbeitern eine ideale Verkehrsanbindung bieten konnten. Stadtbaurat Jost zeichnete für die nun folgende Stadterweiterung verantwortlich. Seinem Ideal entsprechend sollten gartenstadtähnliche Siedlungen das Stadtzentrum umgeben und durch wenige Radialstraßen verbunden sein. Leider scheiterten die ersten Pläne an der Finanzierbarkeit. Der hallesche Oberbürgermeister Rive bewegte jedoch die Großbetriebe dazu, Werkswohnungen zu bauen. Daraus resultierte 1922 die Gründung der Kleinwohnungsbau Halle AG, die sich neben dem 1910 gegründeten Bauverein für Kleinwohnungen zu einer wichtigen Instanz im halleschen Wohnungsbau etablierte.
Die Stadt sicherte sich mehr als 50 Prozent des Stammkapitals und konnte somit die Bauprojekte stets beeinflussen. Die restlichen Anteile wurden in Form von Aktien den ansässigen Betrieben angeboten, um sie aktiv am Wohnungsbau zu beteiligen. Mit dem Architekten Heinrich Faller war schon bald eine Persönlichkeit gefunden, die die baulichen und wirtschaftlichen Geschicke der Genossenschaft leiten sollte. Ab dem Jahr 1922 begannen mit der Gartenvorstadt Süd die Planungen und Realisierungen erster Großsiedlungen, die in den folgenden Jahren mit der Gartenvorstadt Am Gesundbrunnen, dem Lutherviertel oder der Siedlung Vogelweide umgesetzt wurden. Daneben prägten viele kleinere Wohnanlagen das Bild der Stadt. Doch obwohl bis 1930 die Wohnungsproduktion in Halle mit jährlich durchschnittlich 1 500 Wohneinheiten ihren Höhepunkt erreicht hatte, fehlte es nach wie vor an Wohnraum bis weit über die Existenz der Weimarer Republik hinaus.

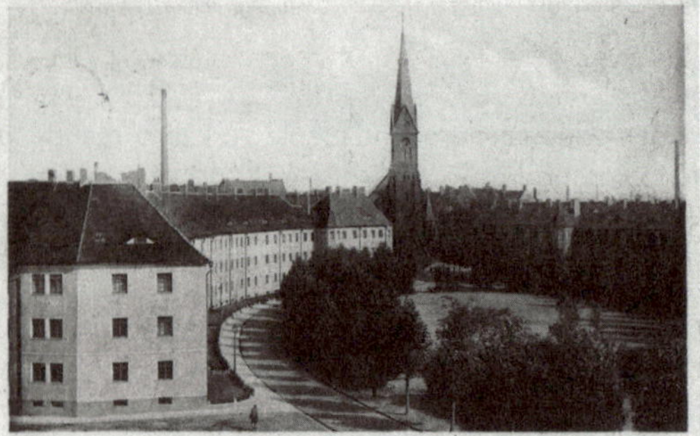

Halle (Saale). Johannesplatz mit Johanneskirche.

1 Wohnanlage Johannesplatz

Johannesplatz 1–22, Beyschlagstraße 15, Südstraße 41–45, Liebenauer Straße 23a, 24–27, Balkeweg 1–4
Erbaut: 1920–22, 1925–27, 1929–30, Architekt: Hermann Frede

Nach Beendigung des Ersten Weltkrieges beauftragte der Bauverein für Kleinwohnungen ab 1920 für die Konzeption und Umsetzung des Johannesplatzviertels den Architekten Hermann Frede. Den Mittelpunkt der Siedlung sollte nach der baulichen Fertigstellung die von Friedrich Fahro 1892/93 errichtete Johanneskirche mit dem sich daran anschließenden ovalen Johannesplatz bilden. Der Architekt sah deshalb vor, den Platz mit zwei geschwungenen Wohnblöcken zu umgeben, und verwendete für die Architektur eine nüchterne Formensprache, die die Siedlung heute als bemerkenswertes Beispiel für den Massenwohnungsbau der Weimarer Republik in sachlichen Architekturformen mit expressionistischen Elementen gelten lässt.
Die schlichten Putzbauten wurden von Frede überwiegend dreigeschossig ausgebildet und boten 177 Wohneinheiten Platz. Über

einer schmalen Sockelzone erhebt sich bei allen Bauten das Erdgeschoss, das durch ein kräftiges Gesims abgeschlossen wird und die oberen Etagen optisch abgrenzt. Straßenbildprägend und aus der Fassade hervorstechend, führte der Architekt an wichtigen Punkten wie Straßeneinmündungen oder Gebäudeübergängen Erker aus, die auflockernd wirken.
Der nordwestliche Bereich des Johannesplatzes wurde zwischen 1929 und 1930 erbaut. Insbesondere am Balkeweg entwarf Hermann Frede um einen dreieckigen Innenhof gruppierte Wohnbauten, die ebenso einem sachlichen Architekturideal verpflichtet waren, wie sie einen Wandel in der Kontinuität der Auffassung des Architekten aufzeigen. Frede nutzte neben wechselnden Fassaden aus Klinker- und Putzstreifen typische Gestaltungsmittel, etwa leicht betonte Treppenhausrisalite oder Rundtürme mit Spitzhelmen, die bis heute an der Straßeneinmündung Pfännerhöhe/Beyschlagstraße einen zusätzlichen architektonischen Akzent setzen. Eine denkmalgerechte Sanierung ist hier wie beim benachbarten Lutherplatz beispielhaft gelungen.

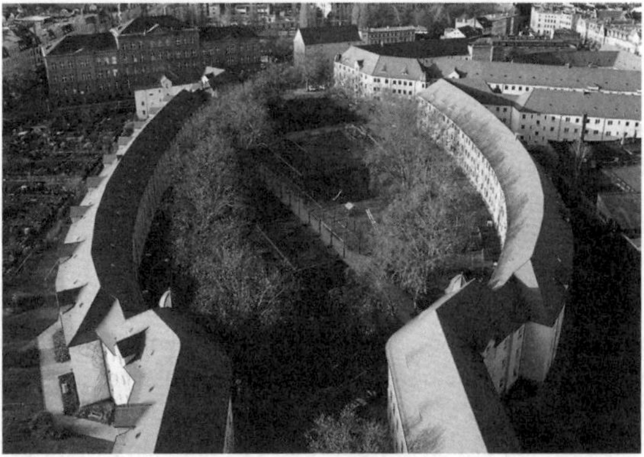

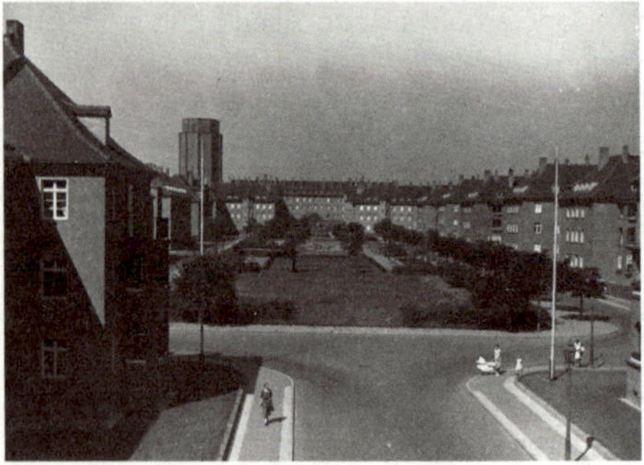

2 Wohnanlage am Lutherplatz mit Wasserturm Süd

Lutherplatz 1–13, Lutherstraße 1–4, 58–64, 80, 80a, 80b, 81–84, Beethovenstraße 1–14, Brucknerstraße 11–18, Ernst-Eckstein-Straße 1–2, Liebenauer Straße 50–61, 143–145, Türkstraße 1, Turmstraße 45–49, 101–106
Erbaut: 1927–29, Architekten: Wilhelm Freise, Wilhelm Jost und Oskar Muy

Die Siedlung am Lutherplatz in Halle (Saale) stellt heute ein eindrucksvolles Beispiel für den an traditionellen und expressionistischen Architekturformen orientierten genossenschaftlichen Wohnungsbau der Weimarer Republik dar und erhielt in der Zeit von 1927 bis 1936 ihr heutiges Aussehen. In Zusammenarbeit mit der Siedlungsgesellschaft der Reichsbahn errichtete hier der Bauverein für Kleinwohnungen eine Wohnanlage mit 2 000 zumeist Dreizimmerwohnungen mit Bad, die vor allem für die Arbeiterinnen/Arbeiter und Angestellten der Reichsbahn vorgesehen waren. Das Areal war nicht nur durch die Nähe zur Gartenvorstadt Am Gesundbrunnen und zur im Norden befindlichen Johannes-

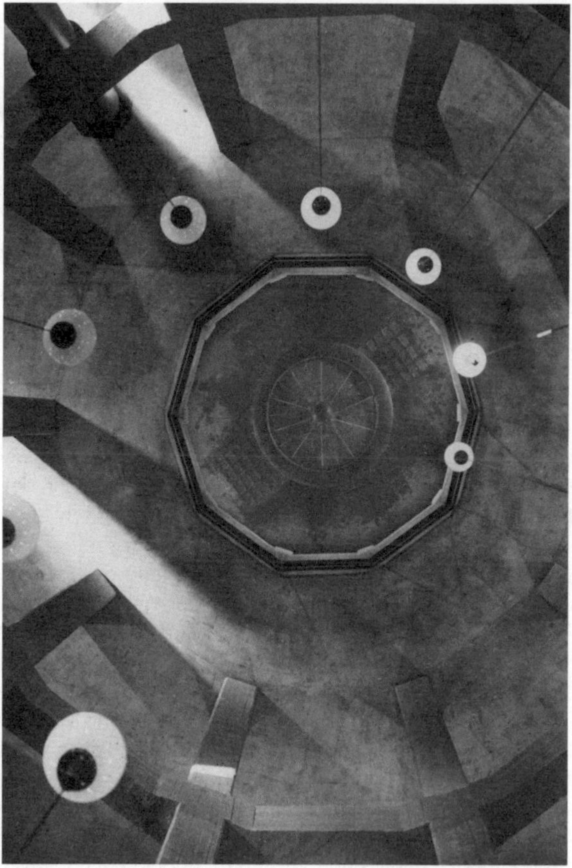

Wasserturm Süd, Innenansicht, ca. 1927

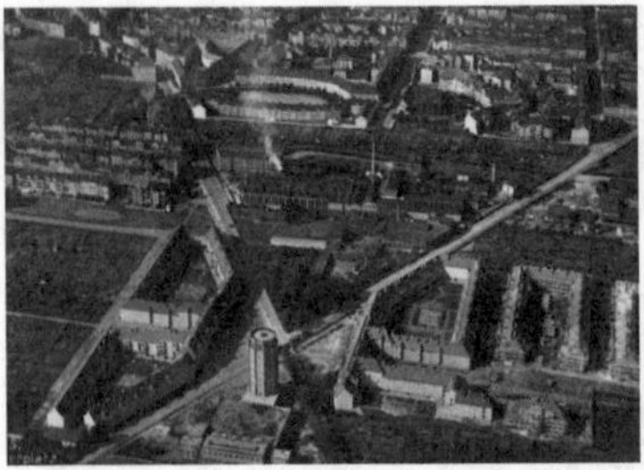

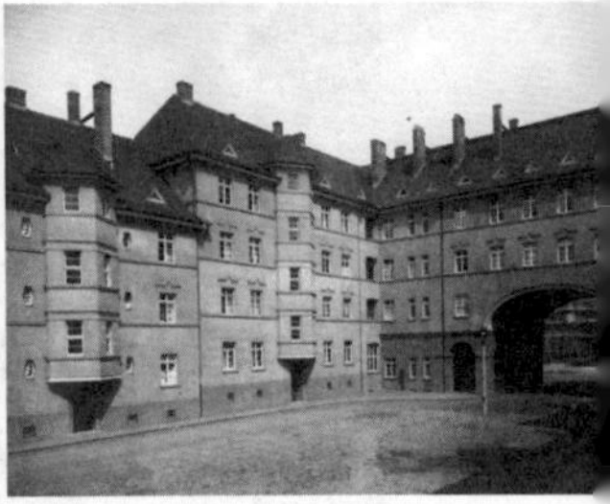

Luftbild Lutherplatz, ca. 1930 | Blick auf die drei- und viergeschossige Wohnbebauung des Lutherplatzes mit markanten Dreieckserkern und Toreinfahrt, 1930 | Wasserturm Süd, Innenansicht, um 1927 | Wasserturm Süd, 1950er Jahre

siedlung verkehrstechnisch, sondern auch städtebaulich günstig gewählt. Der bei der Reichsbahn beschäftige Architekt Wilhelm Freise konzipierte mit der Siedlung am Lutherplatz eine weit ausgreifende Wohnanlage, die sich in ihrem Grundriss in der Form einem Andreaskreuz anpasst. Die Siedlung umschließt zudem entlang der Lutherstraße einen breiten Grünstreifen mit Spielplatz und Parkanlagen und besteht aus lang gestreckten, drei- bis viergeschossigen Putzbauten mit markanten Dreieckserkern, Treppenhausrisaliten, Stufengiebeln und Art-déco-Elementen. Am Anfang und am Ende überspannen die Lutherstraße große Korbbögen, die die Häuserreihen miteinander verbinden. Unmittelbar über den Bögen schauen jeweils Luther- und Melanchthon-Plastiken aus der Fassade hervor und unterstreichen die protestantische Namensgebung der Siedlung. Die Plastiken stammen vom halleschen Bildhauer Richard Horn. Das Erdgeschoss der Gebäude war ausschließlich Ladengeschäften vorbehalten und besticht noch heute durch große, rundbogige Schaufenster. Die drei hufeisenförmigen Wohnblöcke im Osten der Siedlung wurden dagegen wesentlich nüchterner in ihrer Ausführung konzipiert.

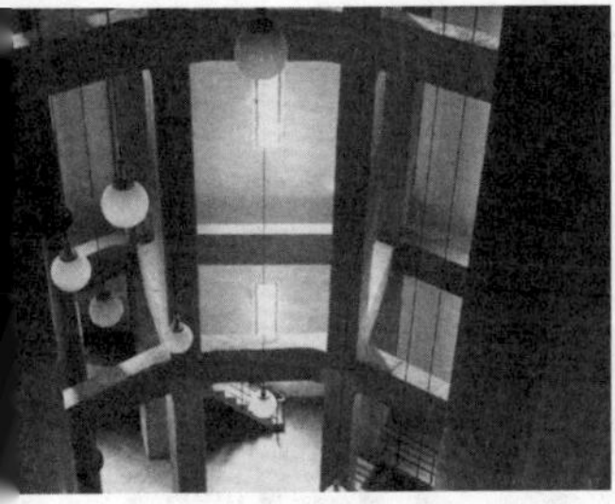
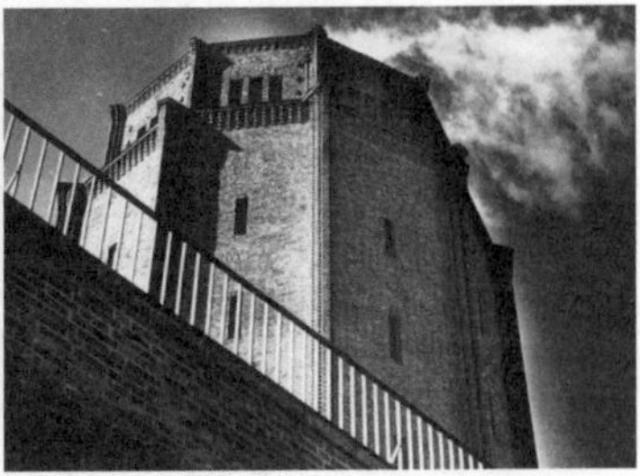

Ihre Bauzeit fällt in die Jahre 1928/29. Das Zentrum der Luthersiedlung bestimmt unweigerlich der monumentale Wasserturm Süd, der die Trink- und Brauchwasserversorgung der Stadt regelte. Mit dem zeitgleich ebenso von Stadtbaurat Wilhelm Jost errichteten Umspannwerk stellt er eines der wichtigsten Denkmäler der Technikgeschichte in Halle (Saale) dar. Der etwa 46 Meter hohe, zehneckige Turm beherbergt einen Wasserbehälter mit einem Fassungsvolumen von 2 000 Kubikmetern. Er besteht aus einer Stahlskelettkonstruktion, die von dem Ingenieur Oskar Muy entworfen und mit roten Ziegeln verblendet worden war. Eine schmiedeeiserne Wendeltreppe über dem Wasserbehälter führt zu einer Aussichtsplattform. Von dort aus lässt sich durch die schmalen Fenster die Stadt Halle (Saale) wunderbar überblicken. Beim Hinabsteigen erweist sich das Turminnere mit dem zentralen Brunnen am Fuße des Turmes und den spiralförmig angeordneten, weißen Kugellampen als hoch eindrucksvoll.
Der Wasserturm Süd wird noch heute von der Halleschen Wasser und Stadtwirtschaft als trinkwassertechnische Anlage genutzt. Das ehemalige Umspannwerk ist heute ein außerschulischer Lernort der Stadtwerke Halle. Die Ausstellung historischer Exponate, eine Wasserwerkstatt und eine Entdeckerstation können von Schulen auf Anfrage besucht werden.

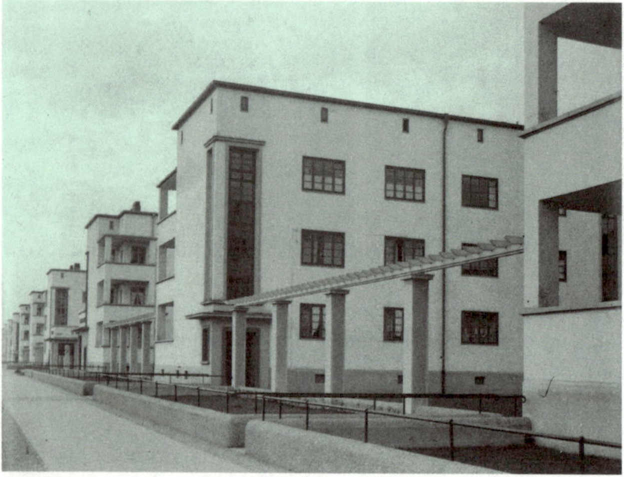

❸ Siedlung Vogelweide

Vogelweide 1–29, Amselweg 1–8, Dohlenweg 6b–e, 7a–d, Elsa-Brändström-Straße 181, 182, 182a, Falkenweg 1–8, Finkenweg 17, 17b–d, 18a–d, Paul-Suhr-Straße 41–44, Vogelherd 3, 3a, 4, 4a, 5, 6
Erbaut: 1930/31, Architekt: Heinrich Faller

Die Kleinwohnungsbau Halle AG plante im Jahr 1930/31 durch ihren Architekten Heinrich Faller im Süden der Stadt Halle (Saale) die von der Paul-Suhr- und Beesener Straße begrenzte Siedlung Vogelweide, die in einem 800 Meter langen Straßenriegel mit 13 Wohnungszeilen 520 Kleinstwohnungen Platz bot.

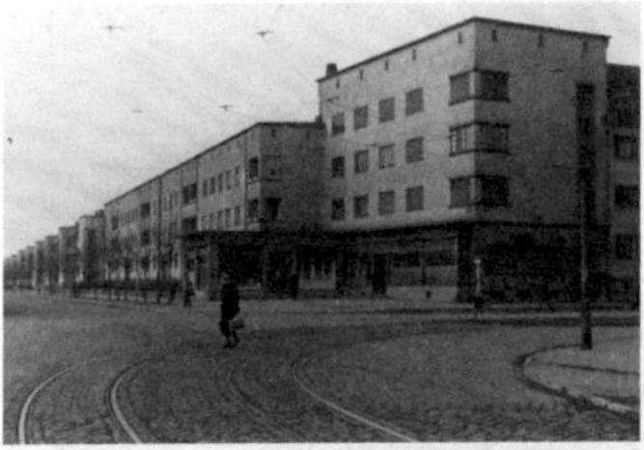

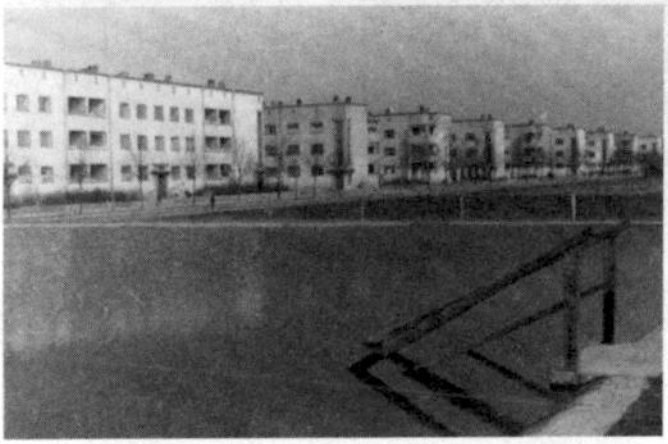

Die in gartenstädtisch aufgelockerter Zeilenbauweise im Stil des Neuen Bauens errichtete Wohnanlage wird von dreigeschossigen, flach gedeckten Bauten in Blockbauweise gekennzeichnet.
Die hell verputzten Fassaden werden durch die Anordnung der Eingangsbereiche, Fenster und Loggien bestimmt. Schmale Fensterbänder erheben sich über den Eingangstüren. Akzente setzen die Fenster- und Türrahmen, die von Block zu Block wechselnd in Rot, Grün oder Blau gestrichen wurden. Dekorative Fensterversprossungen sowie gesimsartig vorgehängte Dachtraufen verleihen den konsequent auf kubische Elemente reduzierten Bauten ein eindrucksvolles Aussehen.
Die einzelnen Wohnungszeilen wurden durch Pergolen miteinander verbunden. Diese schirmten die Häuser in Form von Grünstreifen gegenüber dem Straßenraum ab und gewährten dem gemeinnützigen Siedlungsbau mit einer Form von Gartenhöfen einen fast privaten Charakter. Zusätzlich zu den Wohnungen sah der Architekt sechs Ladengeschäfte vor, die sich vor allem an den verkehrsgünstig gelegenen Eckblöcken und in der Mitte der Siedlung am Vogelherd befinden.

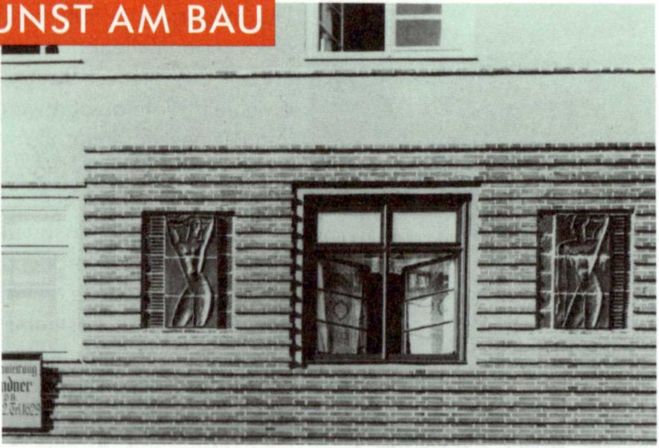

4 Fassadenreliefs an einer Wohnhausreihe

Albert-Ebert-Straße 61–65
Entstanden: 1926/27, Künstler: Gustav Weidanz

Der hallesche Bildhauer und Leiter der Keramikwerkstatt an der Kunstgewerbeschule Burg Giebichenstein Gustav Weidanz erhielt 1926 den Auftrag, sechs baugebundene Relieftafeln zu erstellen, die an den Fassaden der Hausnummern 62 bis 64 der genossenschaftlichen Mietwohnungsbauten in der damaligen Auenstraße, der heutigen Albert-Ebert-Straße, im Süden der Stadt Halle (Saale) angebracht werden sollten.
Der schlicht geputzte, dreigeschossige Block wurde partiell mit Klinkern verblendet und von einem

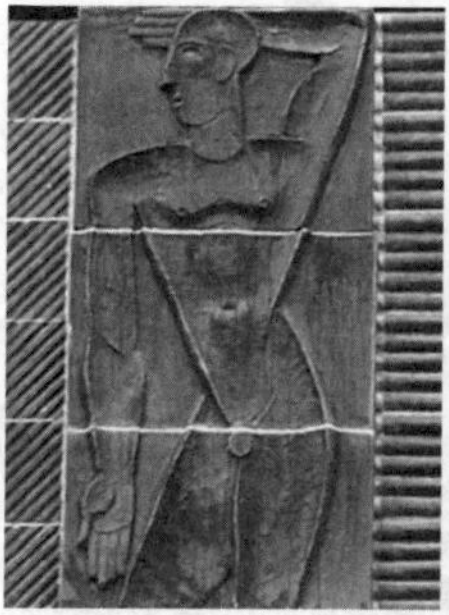

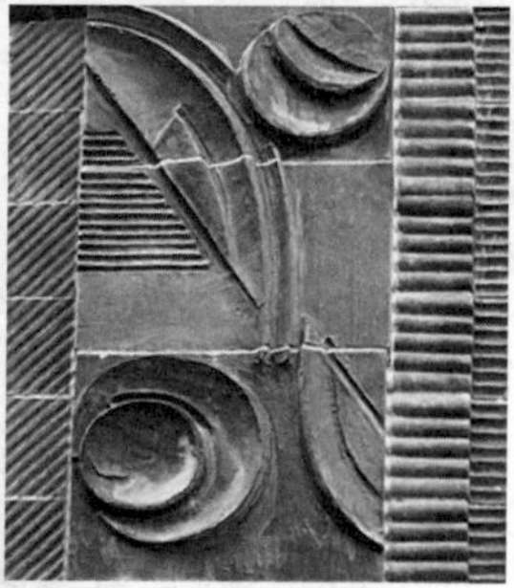

Walmdach abgeschlossen. Für die Flächen zwischen den Fenstern im ersten Obergeschoss schuf Gustav Weidanz insgesamt drei Reliefpaare aus Keramik, die aus einzelnen Platten zusammengesetzt waren. Die abstrahierten Figuren und Motive wurden von ihm als Flachrelief ausgeführt und in das Mauerwerk eingesetzt. Die Reliefs zeigen in einer strengen geometrisch-expressiven Auffassung eine männliche Figur mit Hammer, eine weibliche Figur mit Sichel, zwei Akte und zwei ornamentale Abstraktionen. Die Bauplastiken bezeugen eindrucksvoll den qualitativ hohen Stand der architekturbezogenen Plastik an der Burg Giebichenstein in den 1920er-Jahren. Gustav Weidanz schuf neben Fassadenreliefs für Wohnbauten weitere hervorragende baugebundene Kunstwerke. Bereits 1924 entstanden für das Solbad Wittekind keramische Dekore, Plastiken sowie ein Brunnen, und 1928/29 schuf er fünf Fassadenfiguren aus Bronze für den halleschen Ratshof am Marktplatz.

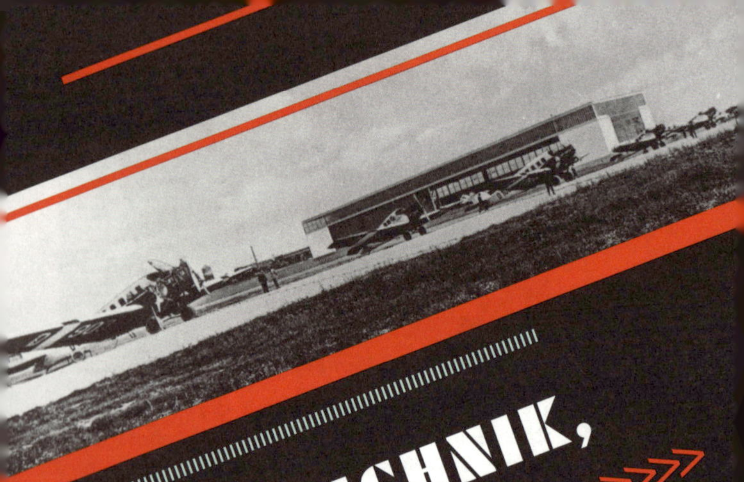

TECHNIK, AUTOMOBILE UND GESCHWINDIGKEIT

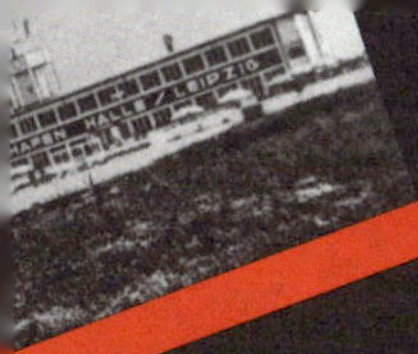

>>

Als im November 1918 der Erste Weltkrieg vorüber war, ging ein Aufatmen durch die ganze Welt. 17 Millionen Menschen waren ums Leben gekommen, fast die komplette Industrie der europäischen Länder war auf Kriegsgeräteproduktion umgestellt worden und suchte nun nach neuen Möglichkeiten. Viele Unternehmen sahen im Automobil neue Hoffnungen und Chancen, jedoch erst nach der Hyperinflation im November 1923 und der Einführung der Rentenmark beruhigte sich die Lage in Deutschland, und die Wirtschaft erholte sich langsam. Auch in Halle (Saale) wurden die Rationierung des Benzins und die Zulassungsbeschränkung von Automobilen aufgehoben, sodass bereits im Dezember des gleichen Jahres 277 Pkw in Halle (Saale) zugelassen waren; ein Jahr später waren es bereits 640.

Auch die Zulassung der Motorräder stieg unaufhaltsam an. In der Zwischenzeit konnte sich fast jeder tüchtige und sparsame Arbeiter ein automobiles Fahrzeug leisten. Die ersten fünf Jahre der 1920er sollten durch ihren Konjunkturaufschwung als die legendären Goldenen Zwanziger in die Geschichte eingehen.

„Groß, größer" und „stark, stärker" lauteten die Mottos; und die Hersteller wetteiferten um immer größere und schnellere Kraftfahrzeuge. Alsbald wurde, ausgelöst durch das Fahren mit rücksichtsloser Geschwindigkeit, eine einheitliche Verkehrszeichenordnung erlassen, um den ständig wachsenden Straßenverkehr zu kontrollieren und Gefahren für die Fußgängerinnen und Fußgänger wie auch für die Fahrer abzuwenden. Der Siegeszug des Automobils war definitiv nicht mehr aufzuhalten. Das hallesche Adressbuch des Jahres 1928 wies bereits 110 Firmen auf, die komplett oder als Zulieferer für die neue Branche arbeiteten.

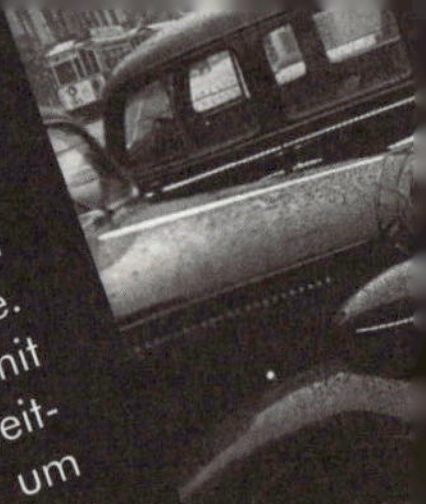

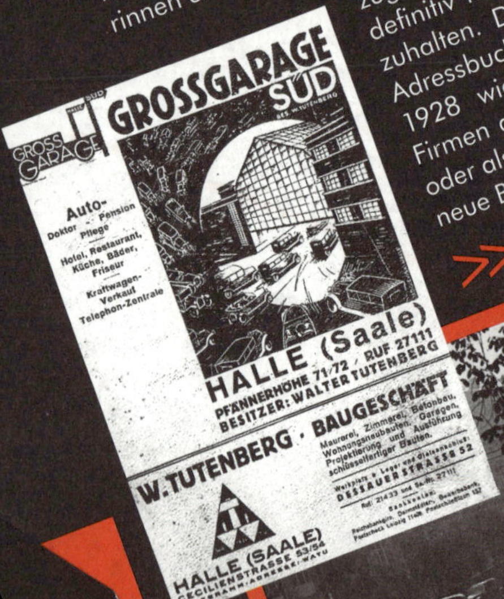

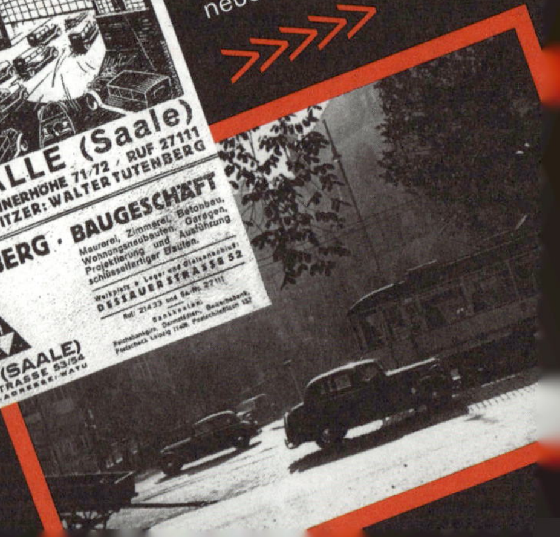

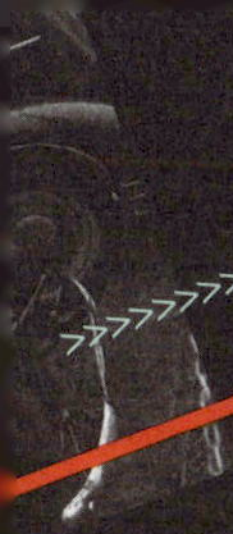

Die Germania-Maschinenfabrik in der Dessauer Straße 5 und die Firma Otto Kühn entwickelten und stellten verschiedene Mittelklassewagen her, darunter Limousinen, Sport-Roadster oder Cabriolets. Die Firma Otto Kühn beschäftigte alleine über 700 Mitarbeiterinnen/Mitarbeiter und 100 Angestellte. Selbst Fahrschulen verzeichneten Konjunktur, sodass es Ende der 1920er-Jahre bereits neun in der Saalestadt gab. Der Bau der Großgarage Süd und die Tankstelle in der Merseburger Straße zeugen noch heute vom visionären automobilen Aufschwung in der Saalestadt.

Die gleiche Entwicklung wie auf dem Boden begann in den 1920er-Jahren auch in der Luft. Die 1924 stattfindenden Großflugtage auf der Pferderennbahn gelten heute als Auslöser für die Konzeption und Errichtung des Flugplatzes Halle-Nietleben. Zunächst wurde 1925 die Flugverkehr Halle AG gegründet, der im Stadtteil Nietleben ein Bereich zugewiesen wurde, wo ein Flugplatz errichtet werden sollte. Die offizielle Eröffnung fand am 15. August 1925 statt. Ab 1926 wurden mehrere europäische Flugziele bedient. Bereits ein Jahr später wurde der Linienflugbetrieb wieder eingestellt und der Flugplatz ab 1928 als Sportflugplatz genutzt, denn die Neueröffnung des heutigen Flughafens Leipzig/Halle übernahm sämtliche zivile Flugbewegungen. Bereits kurz nach der Eröffnung des Flugplatzes in Nietleben war den halleschen Akteuren bewusst geworden, dass der Flugplatz für den rasant steigenden Personenflugverkehr nicht ausreichen würde. Gemeinsam mit dem Reichsverkehrsministerium, das zu dieser Zeit eine neue Gliederung des Luftraumes anstrebte, wurde ein neuer Flugplatz, direkt

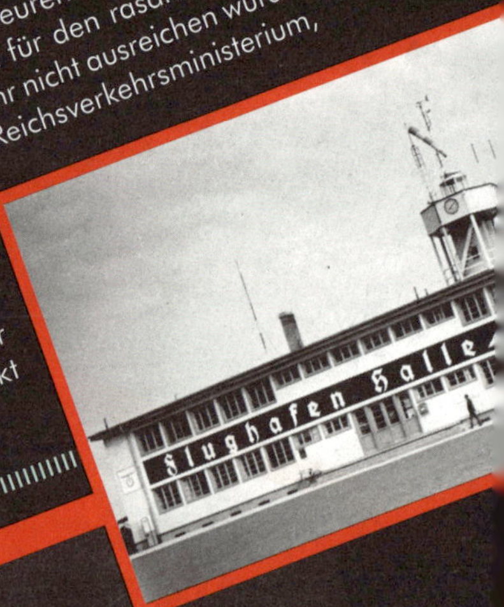

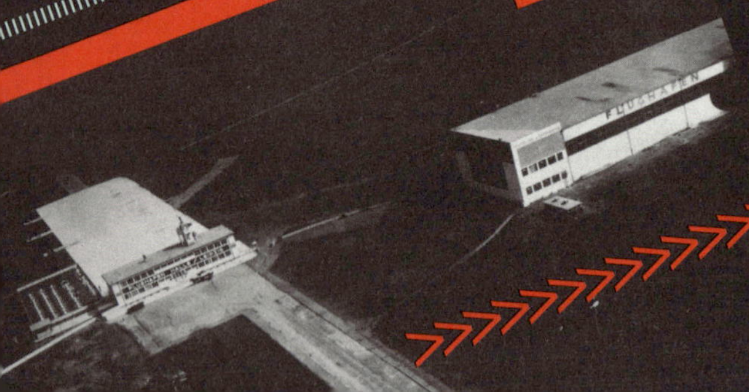

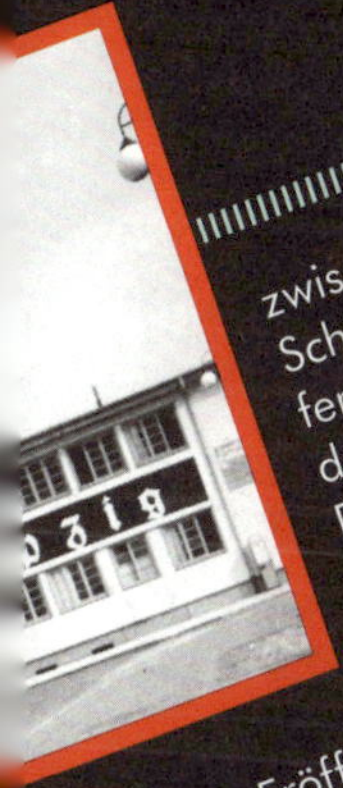

zwischen Halle (Saale) und Leipzig, in Schkeuditz, durchgesetzt. Den Flughafen zu planen, übernahm der Direktor der Kunstgewerbeschule Paul Thiersch. Dieser stellte einen modernen, kreisförmigen Flughafen ins Zentrum und entwarf neben dem Flugfeld und dem Hangar auch ein Verwaltungsgebäude. Die Eröffnung des Flughafens Halle/Leipzig fand am 18. April 1927 statt. Im Mai 1931 wurde das moderne und funktionale Flughafenrestaurant eröffnet, das von Hans Wittwer gestaltet worden war. Wittwer leitete seit 1929 die Fachklasse für Architektur und Innenausbau an der Kunstgewerbeschule Burg Giebichenstein. Der Flughafen Halle/Leipzig nahm im Jahr 1937 mit mehr als 40 Starts am Tag den vierten Platz auf der Rangliste der verkehrsreichsten Flughäfen Deutschlands ein.

TECHNIK UND VERKEHR

Um den ständig wachsenden Strombedarf einer leistungsfähigen Energieversorgung zu decken, war die Infrastruktur moderner Städte in den 1920er-Jahren äußerst wichtig. Stadtbaurat Wilhelm Jost entwarf deshalb nicht nur das heute nicht mehr komplett vorhandene Kraftwerk in Trotha (1924–26), sondern zwischen 1924 und 1928 auch Umspann- und Umformstationen, um die einzelnen Haushalte der Stadt über eine Verteilung mit Strom zu versorgen. Der von den Generatoren des Kraftwerks erzeugte Drehstrom mit einer Spannung von 3 000 bzw. 6 000 Volt wurde in einem Schalthaus auf 15 000 Volt erhöht und an die verschiedenen Umspann- und Umformstationen weitergeleitet. Für den Stadtbaurat Jost sollte die Bauaufgabe des Kraftwerks Trotha und der Verteilerstation ein Experimentierfeld für eine moderne architektonische Formensprache werden, die sich heute als historisierend bis hin zu sachlich-elegant beschreiben lässt.

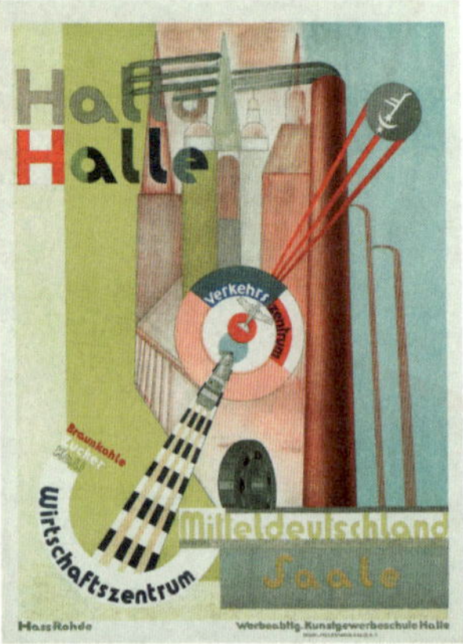

Werbeplakat 1927, Entwurf von Erwin Hahs und Werner Rohde

5 Kraftwerk Trotha

Brachwitzer Straße 21 (Trotha)
Erbaut: 1924–26, Architekt: Wilhelm Jost

Das Kraftwerk in der Brachwitzer Straße in Halle (Trotha), von dem heute nur noch das Verwaltungsgebäude aus der Zeit des Neuen Bauens erhalten ist, zählt zur qualitätsvollen, monumentalen Industriearchitektur der Stadt.
Der Standort des Kraftwerkes im Stadtteil Trotha galt damals als ideal, denn die Saale lieferte das Kühlwasser, und die Kohlegruben lagen nur knapp zwei Kilometer weit entfernt. Das Kraftwerk war in mehreren Ausbaustufen für eine Leistung von 80 000 Kilowatt konzipiert. Für den Energiegewinnungsprozess wurde Kohle in den Kesselanlagen die nötige Energie durch Verbrennung entzogen, um Dampf zu erzeugen, der mittels einer Rohr-Ringleitung und durch einen Rohrkanal den Dampfturbinen zugeführt wurde. Diese wiederum trieben die angekuppelten Generatoren an, die für die eigentliche Produktion von Elektrizität verantwortlich waren.

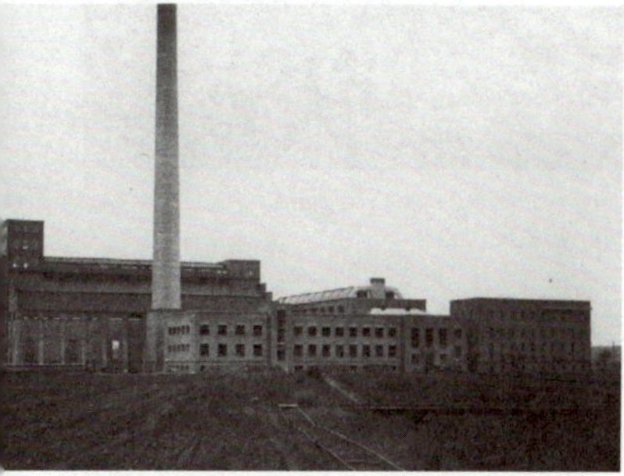

Das gesamte architektonische Ensemble, bestehend aus zwei riesigen Kesselhäusern mit Seilbahneinlauf, Wasserhochbehälter, Kohlebunker und je zwei Schornsteinen zu beiden Seiten eines Maschinen- und Pumpenhauses, wurde in sachlich-klaren Formen aus Klinkern errichtet und war durch kubische, flach gedeckte Baublöcke in Stahlbetonkonstruktion gekennzeichnet. Vor die-

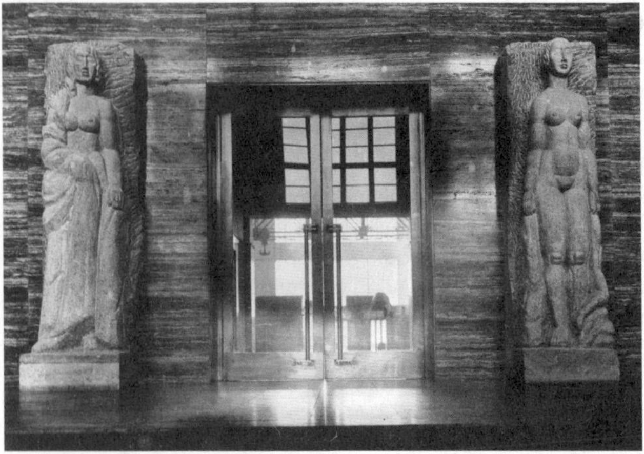

Eingang Verwaltungsgebäude Kraftwerk Trotha mit zwei Skulpturen des Bildhauers Gustav Heinrich Wolff, Mitte 1930er-Jahre

sem in sich symmetrischen Komplex lagen entlang der Brachwitzer Straße außerdem das Verwaltungs- und Werkstattgebäude sowie das fünfgeschossige Schalthaus.

Wie bei der Mehrzahl seiner Bauten legte der Stadtbaurat Wilhelm Jost auch in diesem Fall Wert darauf, baugebundene Kunst einzubeziehen. Bürgermeister Rive, zuvor vom Direktor des Museums in der Moritzburg Max Sauerlandt beraten, beauftragte 1925 den Berliner Bildhauer Gustav Heinrich Wolff, der für das Kraftwerk zwei 2,7 Meter hohe, aus Muschelkalk bestehende und unmittelbar aus dem Stein gearbeitete Statuen schuf. Diese zeigen zwei Frauen in verschiedenen Phasen des Sich-Aus-

kleidens. Wolff betrachtete seine Figuren als Sinnbilder für Tag und Nacht, für Leben und Tod, und brachte sie als ein Lebensgleichnis in Verbindung mit der funktionellen Portalsituation. Während eines Umbaus des Verwaltungsgebäudes im Jahr 1936 wurden die Skulpturen in das Kunstmuseum Moritzburg transportiert, wo sie sich auch noch heute im Hof befinden.
Nach langen Auseinandersetzungen einigten sich das Landesamt für Denkmalpflege und die Energieversorgung der Stadt Halle (Saale) darauf, das Verwaltungsgebäude, den Schaltwart, das Schalthaus und die Maschinenhalle zu erhalten. Der Rest des Kraftwerkes wurde 1996 abgebrochen und durch neue, sichere und zeitgemäße Anlagen ersetzt.
Insgesamt war dem Stadtbaurat Wilhelm Jost mit dem Kraftwerk Trotha ein Industriebau von Rang gelungen, der durch eine kontrastierende Wechselwirkung von Bauten unterschiedlicher Bestimmung ein Zusammenspiel von Funktion und Gesamteindruck gleichermaßen vermittelt.

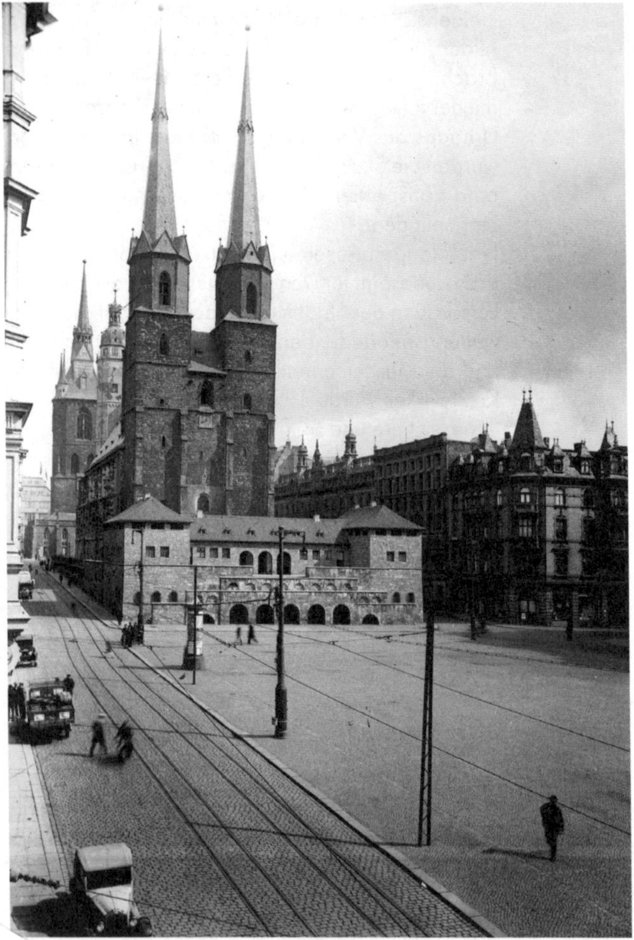

6 Transformatorenstation

Oleariusstraße 4a
Erbaut: 1924, Architekt: Wilhelm Jost

Die Transformatorenstation am Hallmarkt befindet sich unterhalb der Westtürme der Marienkirche im Zentrum der Stadt und gehörte in den 1920er-Jahren als Hauptumspannwerk zum wichtigsten Knotenpunkt des Stromversorgungsnetzes in Halle (Saale). Stadtbaurat Wilhelm Jost stand seinerzeit vor einer überaus anspruchsvollen Aufgabe, denn es waren nicht nur die Funktionalität und technische Zweckmäßigkeit zu berücksichtigen, sondern es mussten Niveauunterschiede ebenso überwunden sowie Gestalt und Größe der Anlage an den Hallmarkt angepasst werden, um die Wirkung der Marktkirche nicht zu beeinträchtigen. Jost wählte bewusst für seinen breit gelagerten, zweigeschossigen Baukörper Muschelkalk und Kalksandstein als Material, um schmeichelhaft der Mauergestaltung der mittelalterlichen Kirche nahezukommen. Die Westseite der Transformatorenstation versah er markant mit einer mehrfach gestuften Terrassenanlage im neoromanischen Stil mit monumentalen Rundbögen. Die Terrasse trat noch über die Flucht der Seitentürme hinaus hervor und war über seitliche Aufgänge zu erreichen. Unter ihr befanden sich die Räume für die Technik und auch Wohnungen für die Angestellten. Die benachbarte Freitreppe überbrückte den Höhenunterschied zwischen Marktplatz und Hallmarkt. Der Stadtbaurat schuf mit der Anlage nicht nur einen Funktionsbau. Durch die barocke Gestaltung gelang es ihm vielmehr, die weiträumige Platzfläche des Hallmarktes repräsentativ aufzuwerten. Da das Umspannwerk durch Bombardierungen im Zweiten Weltkrieg keinen Schaden nahm, befindet es sich äußerlich noch heute im originalen Zustand.

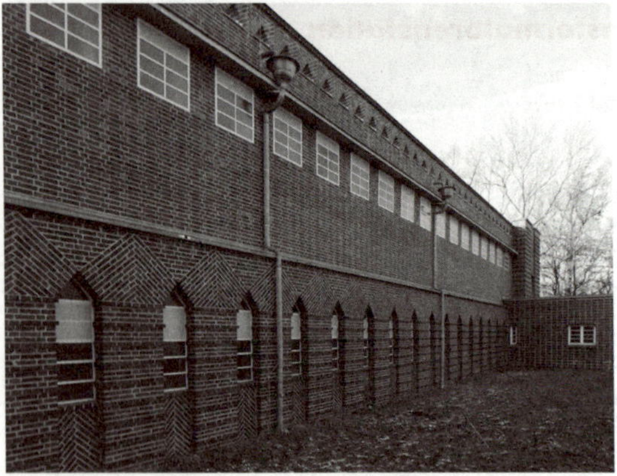

7 Transformatorenstation

Dorotheenstraße 19
Erbaut: 1926, Architekt: Wilhelm Jost

Diese Transformatorenstation gehört mit zu den größten Umspannspannwerken der Stadt Halle (Saale) und befindet sich in unmittelbarer Nähe des Stadtparks und des historischen Stadtgottesackers. Als breit gelagerter, zweigeschossiger Backsteinbau mit Flachdach zählt er mit seinen expressionistischen Elementen zum sachlichen Stil des Neuen Bauens. Vor der Hauptfront des Gebäudes befindet sich ein rechteckiges Wasserbecken. Eine Wärterwohnung und eine Bedürfnisanstalt sind in das Gebäude integriert. Die Ecken der Transformatorenstation werden durch vorspringende, horizontale Reliefbänder betont. Die Dreiecksfenster und eine mit dreieckigen Öffnungen durchbrochene Attika repräsentieren die dekorativ-expressive Architekturauffassung des Architekten Jost.

8 Transformatorenstation mit Tankstelle

Trothaer Straße 15
Erbaut: 1925, Architekt: Wilhelm Jost

Ganz im Norden von Halle (Saale), im Stadtteil Trotha, befindet sich eine Transformatorenstation mit Tankstelle. Sie markiert noch heute, auffällig an einer Hauptstraße gelegen, den nördlichen Eingang der Stadt und entstand im Zuge der Erweiterung des

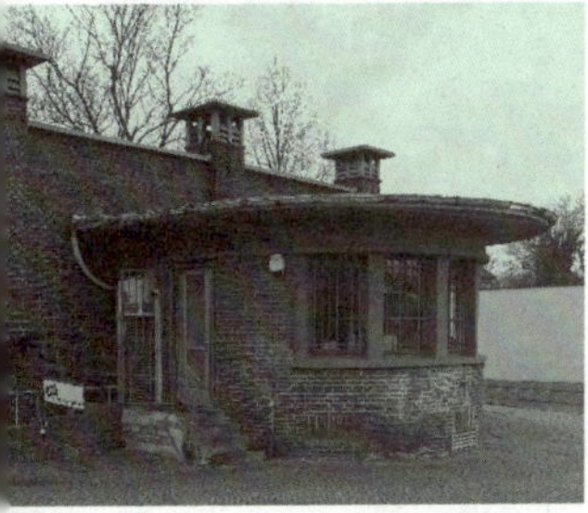

Stromversorgungsnetzes Mitte der 1920er-Jahre. Stadtbaurat Wilhelm Jost kombinierte bei diesem Ensemble einmalig eine Umspannstation mit einer Tankstelle, die sich jedoch für den Stadtteil Trotha als sehr nutzbringend erweisen sollte, denn wer ein Automobil besaß, konnte hier sein Fahrzeug beim Erreichen oder Verlassen der Stadt betanken. Der schlichte, quaderförmige Technikbau aus roten Ziegeln wurde in seiner expressionistisch-dekorativen Architektur von einem zylindrischen Baukörper mit Glasscheiben und Kragdach ergänzt. Dieser diente dem Tankwart als Aufenthaltsraum. Die auffällige Form der Station verlieh dem Gebäude zugleich eine werbende Funktion und eine charakteristische, moderne Note. Heute wird der Anbau von einem Imbiss genutzt, der zahlreichen Autofahrerinnen und -fahrern stadteinwärts die Möglichkeit zur Stärkung bietet.

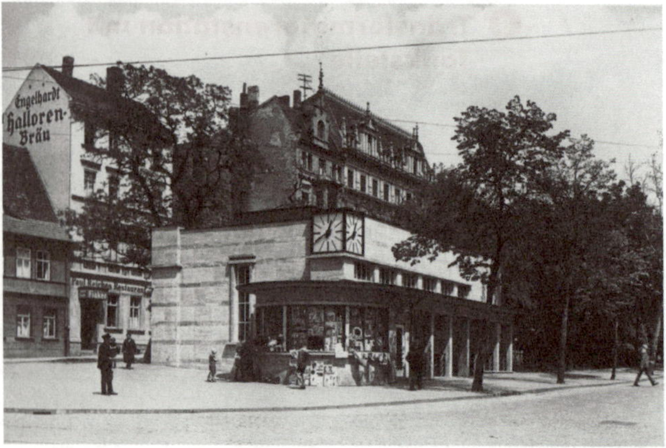

9 Transformatorenstation

Universitätsring / Ecke Geiststraße
Erbaut: 1928/29, Architekt: Wilhelm Jost

Die Transformatorenstation am Universitätsring gehört zu den kleineren Umspannwerken, die Ende der 1920er-Jahre im Zuge der Modernisierung der Stromversorgung in Halle (Saale) errichtet wurden. Sie befindet sich an einer platzartig gestalteten Kreuzung, in die zwei Hauptverkehrsstraßen – der Universitätsring von Osten und der Moritzburgring von Westen – sowie zwei Hauptgeschäftsstraßen – die Große Ulrichstraße von Süden und die Geiststraße von Norden – einmünden. Das flach gedeckte Gebäude hat Stadtbaurat Wilhelm Jost leicht nach Osten in die Breite des Universitätsrings verschoben, wo es als prägnanter Blickfang zur Geltung kommt. Er versah den Ziegelbau zudem mit einer in unterschiedlichen Größen und Farben gehaltenen Kalksteinverblendung, die dem markanten Gebäude eine horizontal umlaufende Bänderung verleiht. Ursprünglich kam der Trafostation nicht nur die Funktion als technische Anlage zu; sie wurde auch durch eine städtische Bedürfnisanstalt mit Erste-Hilfe-Station sowie einen Kiosk, eine Telefonzelle und eine Synchronuhr, die in zwei Richtungen die Zeit anzeigte, charakterisiert. Parallel zum Universitätsring weist das Gebäude eine vorgelagerte, flache Pfeilerhalle auf, die in einen halbrunden verglasten Anbau in Ecksituation übergeht und einst einen Zeitungskiosk beherbergte. An der Südwestecke der Trafostation, direkt über dem Kiosk, befindet sich noch heute die erste Synchronuhr der Stadt nach AEG-System. Die zentrale Steuereinheit der Uhr befand sich im Kraftwerk in Trotha und wurde über eine 50-Hertz-Netzfrequenz von dort aus synchronisiert.

⑩ Großgarage Süd

Pfännerhöhe 70/Liebenauer Straße
Erbaut: 1927/28, Architekt: Walter Tutenberg

Der Architekt und Bauunternehmer Walter Tutenberg errichtete mit der Großgarage Süd nahe der Luthersiedlung im Süden der Stadt Halle (Saale) ein straßenbildprägendes Parkhaus nach amerikanischem Vorbild mit 150 möglichen Stellplätzen. Das Gebäude, in Stil und Funktion des Neuen Bauens errichtet, war seinerzeit der Architektur weit voraus und zählt heute zu den ältesten Parkhäusern Deutschlands. Die Garage bot seit ihrer Eröffnung im Februar 1929 neben der Möglichkeit, Kraftfahrzeuge äußerst platzsparend auf vier Ebenen zu parken, zudem Dienstleistungen wie Autowäsche, Reparatur, Kurier- und Lotsendienste für die automobile Kundschaft an. Es befanden sich außerdem ein Frisiersalon, eine Tankstelle und ein Aufenthaltsraum mit Schlafgelegenheiten für die Chauffeure auf dem Gelände. Um die Wünsche der Kundschaft bemühten sich 28 Angestellte. Die drei Parkdecks mit ihren in Reihen angeordneten, von Stahljalousien verschlossenen Boxen erreichten die Wagen über einen Aufzug und eine Schiebebühne, eine sogenannte „Laufkatze", wie sie in Werkhallen zu dieser Zeit vergleichbar verwendet wurde. Der eindrucksvolle Lichthof der Garage wur-

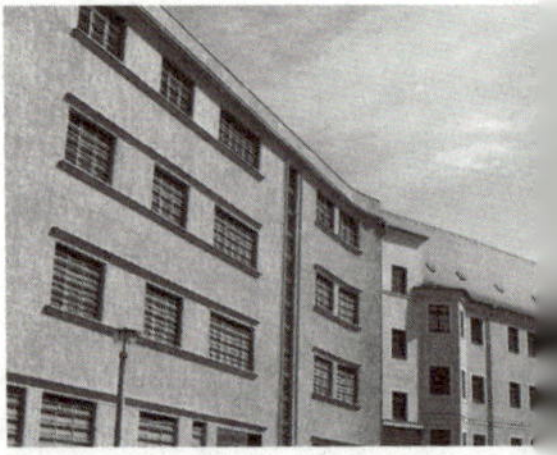

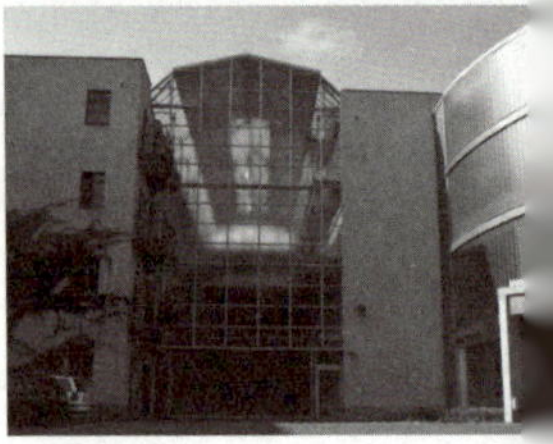

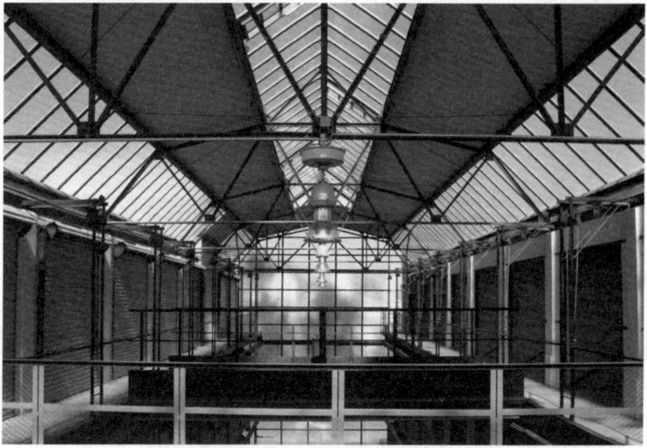

de von einem weiten Glasdach auf Stahl und Beton getragen und zusätzlich durch die Glasfassade zur Pfännerhöhe taghell ausgeleuchtet. Im Kontrast dazu passte sich das Parkhaus in die dreigeschossige Wohnbebauung der Umgebung optisch ein. Im Jahr 2009 sanierte der Bauverein Denkmal GmbH das Objekt sorgsam, allerdings wurde der Aufzug zugunsten einer Spiralauffahrt ersetzt. Daher sind von den ursprünglich 150 Boxen nur noch 88 erreichbar. In einer der für Fahrzeuge unzugänglichen Boxen informiert eine Ausstellung mit originalem Interieur und ebensolcher Technik über die damalige Zeit und veranschaulicht anhand dieses Verkehrsbaus die erste Boomperiode der Automobilisierung im 20. Jahrhundert.

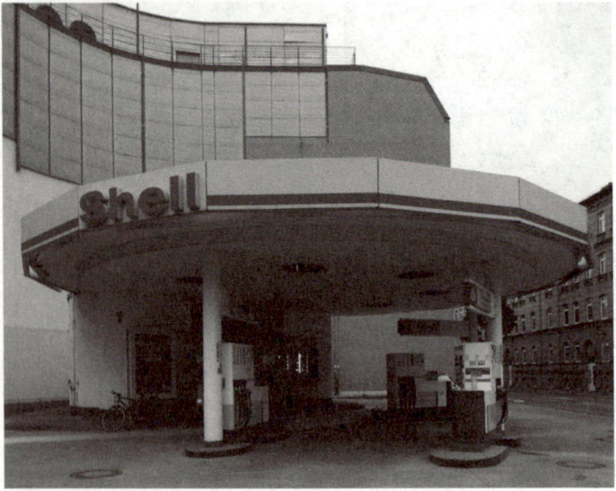

⑪ Tankstelle

Merseburger Straße 99
Erbaut: 1929, Architekt: Otto Steinkopff

Der hallesche Architekt Otto Steinkopff erhielt Ende der 1920er-Jahre von der Rhenania-Ossag-Mineralölwerke AG den Auftrag für den Bau einer Tankstelle an der südlichen Hauptausfallstraße, der Merseburger Straße, inmitten großer Fabrik- und Mietskasernenbauten der Gründerzeit. Steinkopff hinterließ einen von großer Experimentierfreude zeugenden, innovativen Bau der Moderne in der Stadt Halle (Saale). Das in straßenbildprägender Eckposition gelegene, kreisförmige Betongebäude entsprach in besonderer Weise dem gehobenen Standard des damaligen Automobilverkehrs in dessen erster Hochphase nach dem Ersten Weltkrieg. Von drei Rundpfeilern getragen, erhebt sich die Tankstelle mit einem tellerförmigen Kragdach als leichte Stahlbetonkonstruktion über einem nierenförmigen Grundriss. Den Wärter- und Kassenraum kennzeichnete eine weit unter die Dachplatte geschobene gläserne Front, was nicht nur dynamisch-funktionalistisch anmutete, sondern sich auch als äußerst zweckmäßig erwies. Die Tankstelle wird, wie die nicht weit entfernte Großgarage Süd, heute noch genutzt und kann, trotz der massiven Anbringung von Werbetafeln, unweigerlich als sehr originelles Beispiel für das Neue Bauen in Halle (Saale) gelten.

OLEX-Tankstellen

Zwei höchst interessante, allerdings nicht realisierte Projekte stellen im Bereich des Tankstellenbaus die von Martin Knauthe, Alfred Gellhorn und Rudolf Belling im Jahr 1923 sowie von Martin Knauthe und Alfred Gellhorn 1924 entworfene OLEX-Tankstellen für den Riebeckplatz und den Vorplatz am Walhalla am heutigen Steintor in Halle (Saale) dar. Die Konzepte für die Tankstellen wurden von der Deutschen Petroleum-Verkaufs-Gesellschaft Halle (Saale) in Auftrag gegeben. In Gemeinschaftsarbeit entstand für den Riebeckplatz eine Projektierung aus Stahlbeton, die als kleiner Kuppelbau auf kreisförmigem Grundriss mit einem Durchmesser von 3,6 Metern und einer Höhe von 3,8 Metern geplant worden war. Der Baukörper wurde von den drei Protagonisten markant mit dem vertikalen Schriftzug OLEX gestaltet, der in Buchstaben aus gelbem Glas gebaut und in der Nacht von innen erleuchtet wurde. Einen ähnlich verglasten Bau in abgerundeter Form mit einem weit ausladenden Dach, der in identischer Form den Schriftzug OLEX zeigen sollte, planten Knauthe und Gellhorn für den Platz am Steintor. Die Ausführung beider Projekte scheiterte jedoch am Widerstand der halleschen Baupolizei.

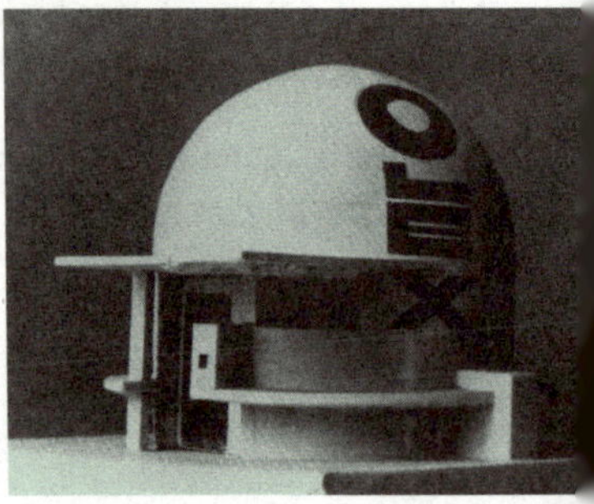

Gipsmodell der OLEX-Tankstelle mit Rundkuppel, nicht realisierter Entwurf

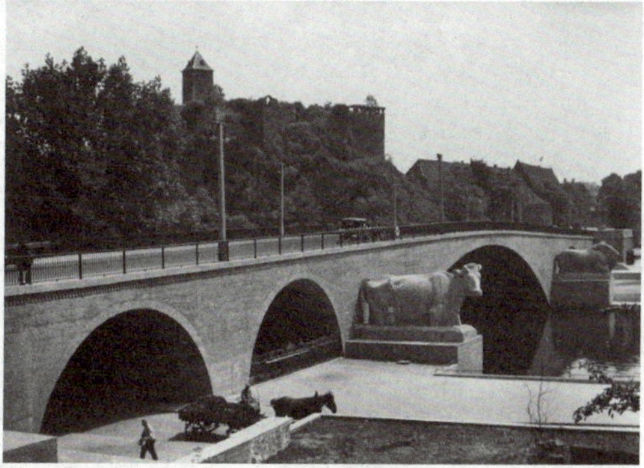

⓬ Giebichensteinbrücke

Fährstraße, Kröllwitzer Straße
Erbaut: 1927/28, 1949, 1994/95, Architekten: Städtisches Bauamt (Adolf Heilmann, Johannes Motsch, Clemens Vaccano), Paul Thiersch, Gerhard Marcks und Josef Gobes

Die Giebichensteinbrücke in Halle (Saale) zählt zu den bemerkenswerten Zeugnissen der historischen Brückenbaukunst. Die in konstruktiv-technischer und ebenso künstlerischer Hinsicht herausstechende Brücke hat eine zentrale Bedeutung im halleschen Straßennetz: Sie verbindet den Verkehr zwischen der Stadt und der im Norden gelegenen, ehemals selbstständigen Gemeinde Kröllwitz. Die heutige Anlage steht in der Nachfolge mehrerer Brückenbauten, die nacheinander errichtet worden waren. Ab dem Jahr 1363 ersetzte eine Holzbrücke den bis dahin genutzten Fährverkehr. Sie hielt

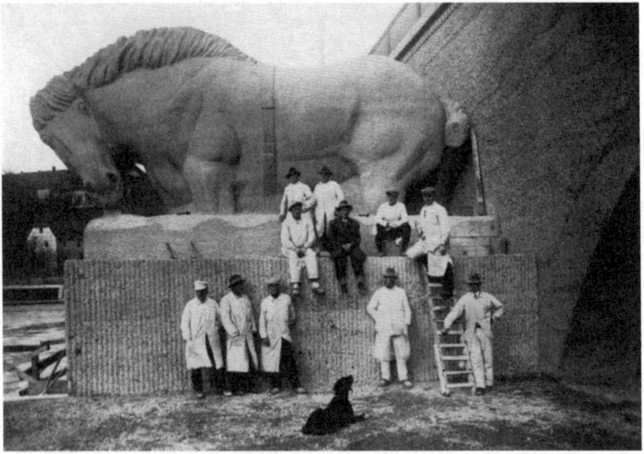

Mitarbeiter vor der Brückenplastik von Gerhard Marcks, 1928

dem häufig einsetzenden Hochwasser jedoch nicht lange stand, sodass die Fähren wieder eingesetzt wurden. Erst 1870 wurde erneut versucht, die Saale durch eine Pontonbrücke aus Eisen zu überspannen, die für die Durchfahrt der Schiffe in Segmenten ausgefahren werden konnte. Sie erhielt den Namen „Dreierbrücke" nach den obligatorischen drei Pfennigen Benutzungsgebühr, die die Gemeinde Kröllwitz erhob, weil sie den Brückenbau mit 130.000 Talern finanziert hatte.

Als dieser Übergang den verkehrstechnischen Anforderungen nicht mehr gewachsen war, wurde er 1892 mit hohem Kostenaufwand durch eine hochgelegte, landschaftlich betrachtet, zu massive Stahlbrücke ersetzt, die jedoch nach wenigen Jahren dem anschwellenden Verkehr auch nicht mehr standhielt. So legte das städtische Bauamt bereits 1915 erste Pläne für einen Brückenneubau vor. Dieser scheiterte jedoch am Ersten Weltkrieg und einer damit verbundenen Geld- und Materialknappheit der Kommune. In der Nachkriegszeit gewann unter dem Druck des wachsenden Verkehrs der Gedanke des Brückenbaus erneut an Gestalt. In den Jahren 1924/25 unterbreitete die städtische Tiefbauverwaltung einen ersten Entwurfsvorschlag, der Form und Rhythmus der Brückenbögen endgültig festlegte. Mit Gemeindebeschlüssen vom 26.03./23.04.1926 wurden der Bau und dessen Finanzierung mit einem Gesamtpreis von 790.000 Reichsmark beschlossen. Nach Beendigung der Arbeiten beliefen sich die Kosten auf 1,3 Mio. Reichsmark. Den Zuschlag für den Bau nach der Ausschreibung erhielten die Firmen Philipp Holzmann AG und Wayß & Freitag AG mit ihren Niederlassungen in Halle (Saale). Sie errichteten relativ zügig die 261 Meter lange Stahlbetonmassivkonstruktion aus vier unterschiedlich breiten Segmentbögen. Die Spannweite des Hauptbogens betrug 60 Meter, dieser wird von seitlichen Bögen flankiert: ein Bogen mit einer Spannweite von 20 Meter auf dem rechtsseitigen Ufer und zwei Bögen von je 11,5 Metern auf der linken Seite der Saale.

Für die künstlerische Gestaltung der Brücke wurden von der Kunstgewerbeschule Halle der Direktor Paul Thiersch bei der Architektur und der Bildhauer Gerhard Marcks zurate gezogen. Im Vorfeld hatte es einen Wettbewerb gegeben, an dem sich auch die Architekten Hermann Frede, Alfred Gellhorn und Martin Knauthe, Johannes Niemeyer, Bruno Föhre, Gustav Wolff u. a. beteiligt hatten und dessen Jury einer der bedeutendsten Brückengestalter,

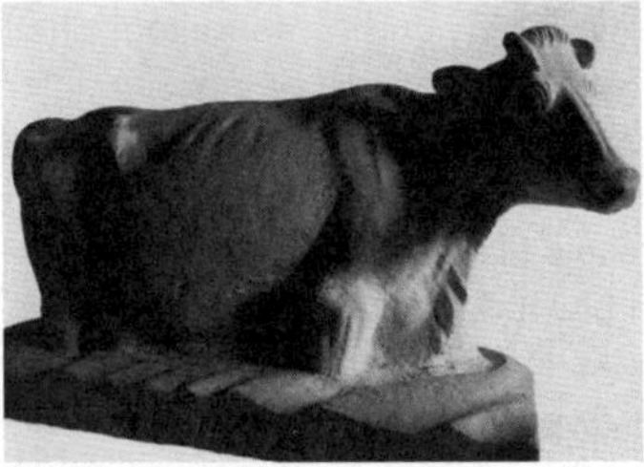 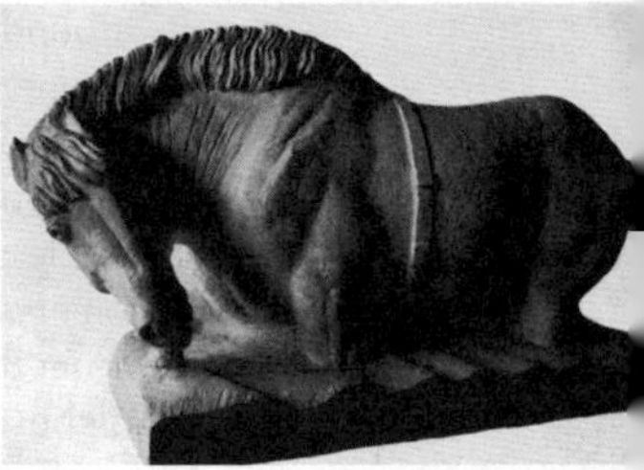

Modelle der Plastiken „Kuh und Pferd" von Gerhard Marcks

Paul Bonatz, vorstand. Paul Thiersch und seinen Anregungen ist es heute zu verdanken, dass sich die Giebichensteinbrücke trotz der Wucht des Betons durch ihre moderne, am Klassizismus orientierte, versachlichte Form makellos in das Saaletal einpasst. Sie setzt in der Szenerie ihrer Architektur einen Kontrastpunkt zur historischen Burganlage auf dem Giebichenstein.
Bei der Auftragsvergabe für die Plastiken wurde auf eine öffentliche Ausschreibung verzichtet, da Thiersch vermutlich auf eine Zusammenarbeit mit Marcks drängte und in dieser Hinsicht auch Unterstützung seitens des Direktors des Städtischen Museums Moritzburg, Alois Schardt, erhalten hatte. Auch der Bildhauer Josef Gobes hatte sich um die Erarbeitung der Plastiken beworben. Er erhielt später den Auftrag für die Ausführung von *Kuh und Pferd* nach Gerhard Marcks' Modellen. Mit den Tierfiguren wollte Marcks die Gegensätzlichkeit von Stadt und Land thematisieren: die Kuh als Verkörperung der in sich ruhenden, traditionell geprägten Landwirtschaft in vergleichbarer Gegenüberstellung zur Dynamik des kraftvoll und wuchtig wirkenden Pferdes. Die Köpfe der Tiere sind voneinander abgewendet. Sie stehen im gewellten Wasser und verschmelzen auf diese Weise harmonisch mit ihrem Sockel. Die Plastiken wurden in Spritzbeton gearbeitet, die Aus-

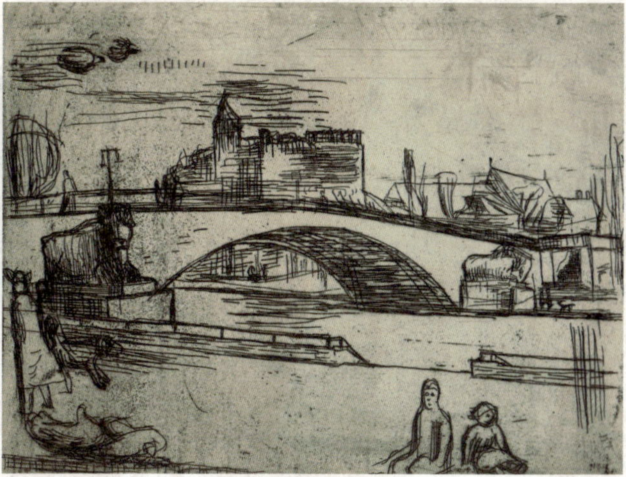

Charles Crodel, „Partie an der Kröllwitzer Brücke“, Radierung, 1929 (WV 303)

führung erfolgte aus dem rohen Betonblock. Gerhard Marcks erfuhr von allen Seiten große Anerkennung für seine Arbeit.
In den letzten Zügen der Kriegswirren des Zweiten Weltkriegs wurde am 14.04.1945, um die Verteidigung der Stadt vorzubereiten, der Hauptbogen der Giebichensteinbrücke gesprengt. Ein Wiederaufbau erfolgte erst im Jahr 1949. Seit dieser Zeit wird die Brückenanlage, die heute an den Wochentagen im Durchschnitt von 22 000 Autos passiert wird, regelmäßig instand gesetzt und saniert, sodass sich selbst Kuh und Pferd noch in gutem Zustand befinden.

Kino,
Theater,
Körperkultur,
Sport
und
Lebensstil

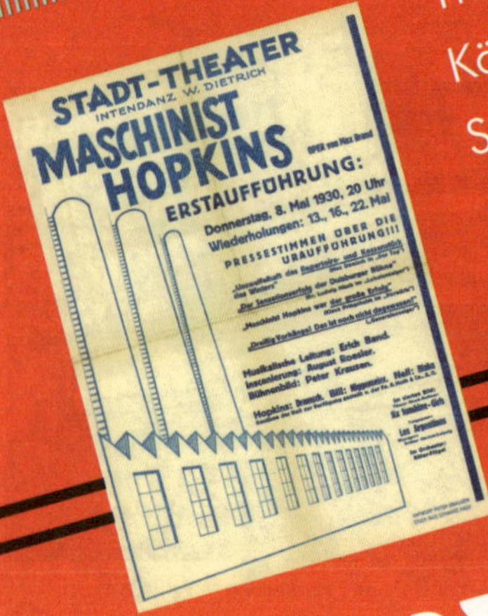

MODERNES STADTLEBEN!

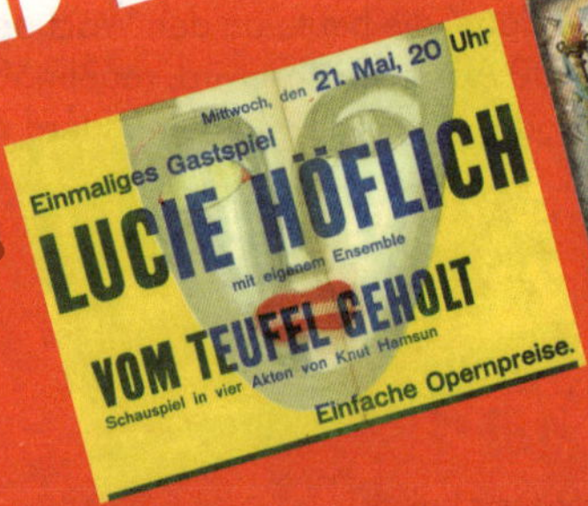

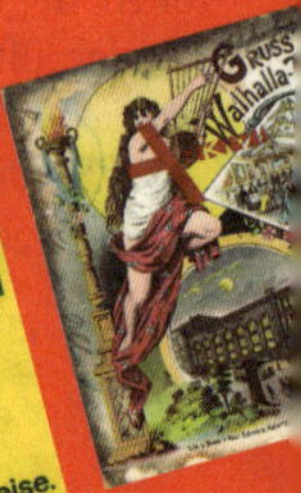

Fotografie und Film nahmen einen wichtigen Stellenwert am Bauhaus ein. Diese neuen Medien entsprachen dem modernen Zeitgeist nach dem Ersten Weltkrieg und entwickelten sich schnell zu den einflussreichsten Massenmedien der 1920er-Jahre. Die Universum Film AG (UFA) in Potsdam wuchs in der Zeit der Weimarer Republik zum zweitgrößten Filmimperium und machte u. a. mit Klassikern wie Dr. Mabuse (1922), Die Nibelungen (1924) und Faust (1926) dem Filmriesen Hollywood direkte Konkurrenz. Eine große Anzahl der Filme, die die UFA produzierte, nahm expressionistische, surreale und künstlerisch-experimentelle Einflüsse auf. Nach dem Zweiten Weltkrieg gab es in Halle (Saale) zwölf Lichtspiel-Theater. Die bedeutendsten davon waren die drei UFA-Paläste sowie der Lichtspielpalast Capitol und das in den 1920er-Jahren als Kino genutzte Walhalla-Theater. In diesen Kinos waren natürlich auch die in Potsdam-Babelsberg geschaffenen Klassiker der Filmgeschichte zu sehen.

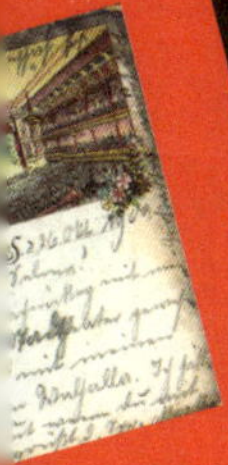

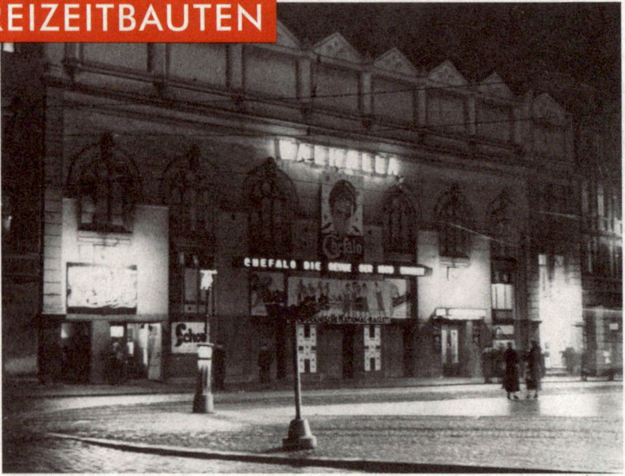

⑬ Walhalla-Lichtspiel-Theater (Steintor-Varieté)

Am Steintor 10
Erbaut: 1860er Jahre, 1888/89, 1924, 1953, 1996, 2012/13, Architekten: Anonym, Uwe Graul

Die Zeiten hatten sich durch die Kriegsereignisse grundlegend gewandelt, und durch Verteuerungen aller Art kam es dazu, dass am 26. Mai 1920 vorerst die letzte Operettenvorstellung im Walhalla Am Steintor 10 stattfand. Das Varieté wurde zum Kino umfunktioniert. Am 10. September 1920 eröffnete das *Walhalla-Lichtspiel-Theater* seine Pforten und zeigte in einer Galavorstellung vor geladenen Gäs-

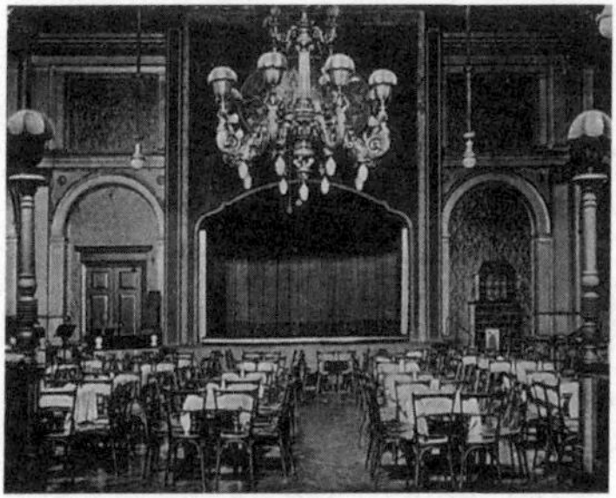

ten den Film *Prinz Kuckuck*. In bunter Reihe wurden Lebens- und Liebesdramen, amerikanische Sensationsfilme aus dem Goldgräbermilieu, Detektivstreifen und literarische Verfilmungen gezeigt. Die Direktion beschloss jedoch im Sommer 1922, das Kino auch wieder als Varieté zu nutzen. Diese Umstellung war allerdings zu optimistisch. So zwang der inflationäre Geldverfall der deutschen Währung die Direktion in den folgenden Monaten dazu, mit allen Mitteln die Existenz des Walhalla-Theaters abzusichern. Schon im Juli wurden Ringkämpfe in das Programm einbezogen, um mehr Zuschauerinnen und Zuschauer anzulocken. Im Januar 1924 erlebte die Stadt Halle (Saale) eine große Charlie-Chaplin-Parade, wobei das Walhalla-Theater den berühmten Film *The Kid* zeigte. Seit 1925 bestimmten in erster Linie in reger Abwechslung Varieté-Veranstaltungen, Künstlertheater, Kabarett- und Artistendarbietungen sowie Operettengastspiele das Programm. In den frühen 1930er-Jahren feierten auch Jazz-Konzerte, die damals ihren Siegeszug antraten, und große Zaubershows Premieren im Walhalla. Mit der Machtergreifung der Nationalsozialisten sollte sich das so bunte Unterhaltungsprogramm des Theaters ändern. Da die Intendanz des Theaters diesem Wunsch nicht entsprach, wurde die Varietébühne im August 1934 vorläufig und im Februar 1936 endgültig geschlossen – bis zum Januar 1943.

14 Kino Capitol

Lauchstädter Straße 1a
Erbaut: 1905/06, 1925/26, Architekt: Walter Thurm

Das Capitol in der Lauchstädter Straße vermittelte seinen Besucherinnen und Besuchern Ende der 1920er-Jahre auf 700 Sitzplätzen einen Hauch von Glamour mit seinem anspruchsvollen Kinoprogramm. Der Architekt Walter Thurm überbaute für dieses zweigeschossige Lichtspielhaus eine ehemalige Reithalle aus dem Jahr 1909 und verschaffte dem sachlichen, mit expressionistischen Stilelementen versehenen Putzbau auch äußerlich einen wirkungsvollen Auftritt im zurückgesetzten Straßenbild. Die lebhafte Fassadengestaltung des Foyers mit Fensterbändern in origineller Dreiecksversprossung und überhöhten Seitentürmen verleiht dem Gebäude eine gitterrostartige Gliederung und damit eine fast transparente Wirkung nach innen. Die äußerlich expressive Formensprache dieser sogenannten Lichtarchitektur wird im Inneren von Stuck- und Putzdekorationen, kräftigen Wandfassungen sowie von Wandmalereien im Stil des Art déco verstärkt. Das Capitol entfaltet erst im Dunkeln durch seine Rasterarchitektur seine volle Wirkung, es präsentiert sich dann auch nach außen als Lichtspielhaus.

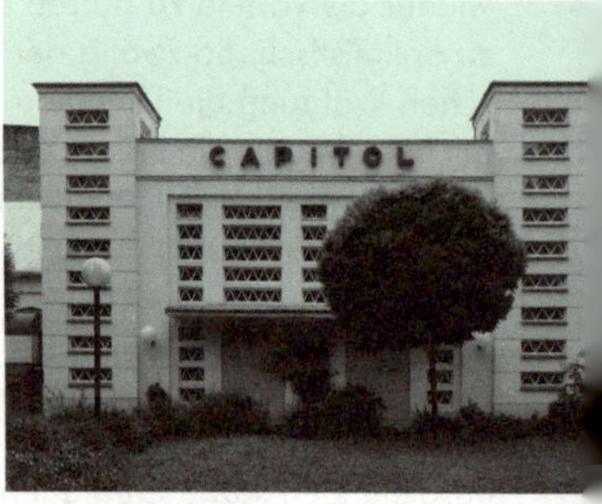

15 Solbad Wittekind

Wittekindstraße 12–15
Erbaut: 1845/46, 1855, 1923–25, Architekten: Friedrich August Stühler und Wilhelm Jost

Das Solbad Wittekind liegt idyllisch im Norden der Stadt, etwas versteckt im Grünen zwischen dem Röder- und dem Reilsberg. Die Geschichte der Solequelle ist nachweislich älter als 1 000 Jahre und reicht bis in die Zeit Karls des Großen zurück. Im Jahr 1846 erwarb und erschloss der Kaufmann Heinrich Thiele die Solequelle des Wittekindbades neu und eröffnete einen Kur- und Badebetrieb. Von Anbeginn erfreute sich das Bad Wittekind eines regen Zuspruchs, es diente zur Heilbehandlung von Haut- und Lungenkrankheiten. Zu den bekanntesten Kurgästen zählte 1868 der Philologe Friedrich Nietzsche. Nach Entwürfen des Architekten Friedrich August Stühler, eines Schülers Karl Friedrich Schinkels, entstanden innerhalb kürzester Zeit Kurbauten in Fachwerk mit rustikalen und folkloristischen Elementen des sogenannten Schweizer Stils. 1855 wurde ein

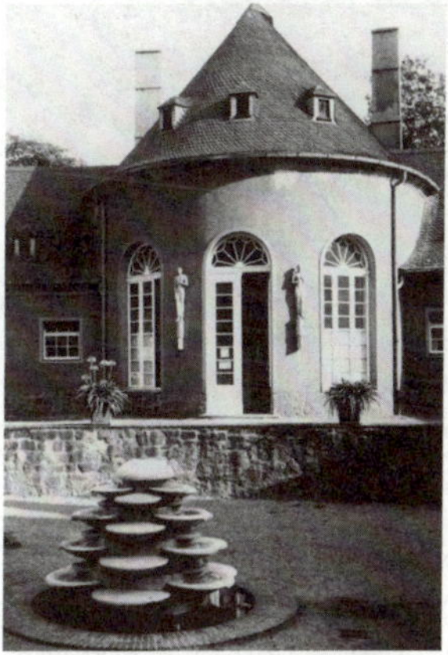

Eingangspavillon des Badehauses mit Keramikfiguren von Gustav Weidanz, im Vordergrund der Solebrunnen, 1960

eindrucksvolles Gesellschaftshaus mit großem Fest- und Speisesaal sowie Gesellschafts- und Wohnräumen für die Badegäste in feinen Neorenaissance-Formen errichtet, die in Kontrast zu den schlichten Schweizer Bauten traten. Nicht einmal fünfzig Jahre nach der Eröffnung kam es zum Niedergang der Badeanlage. Nach mehrfachem Besitzerwechsel erwarb 1909 die Stadt Halle (Saale) zusammen mit dem Zoologischen Garten das Gelände. Nachdem 1922 eine ausreichende Kapazität an Solequellwasser festgestellt worden war, errichtete der Stadtbaurat Wilhelm Jost in zwei Bauphasen von 1923 bis 1925 einen großzügigen Neubau. Jost war vor seiner Berufung nach Halle (Saale) als Architekt der großherzoglich-hessischen Badeanlagen in Bad Nauheim bekannt geworden und geradezu prädestiniert für diese Bauaufgabe. Zuerst ließ Jost die Gebäude im Schweizer Stil abreißen und entwarf an deren Stelle ein neues Badehaus. Die symmetrische, halbkreisförmige Anlage bestach besonders mit zwei rechteckigen Seitenrisaliten und einem ovalen Mittelpavillon mit Kegeldach. Weiterhin entstanden ein Verwaltungsbau und eine ebenfalls halbkreisförmige Kolonnade mit zentralem Musikpavillon. Das Badehaus kennzeichneten ein Porphyrsockel, eine einfache rote Putzfassade, darüber ein hoch aufragendes, schwarzes Schieferdach. Im Mittelpunkt der Anlage wurde ein Vorplatz, der Brunnenzwinger, mit einem Solebrunnen angelegt. Für die qualitätsvolle Ausstattung der Anlage wurden Künstler der Stadt Halle (Saale) sowie solche der Kunstgewerbeschule Burg Giebichen-

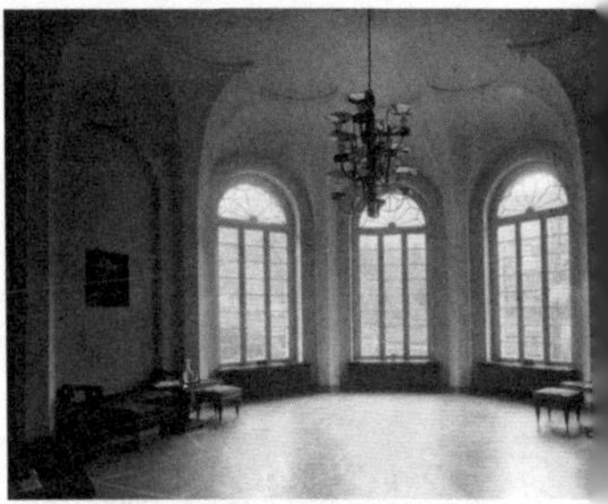

Blick in den Warteraum des Solbades Wittekind, Malereien von Ewald Manz, Kronleuchter Karl Müller

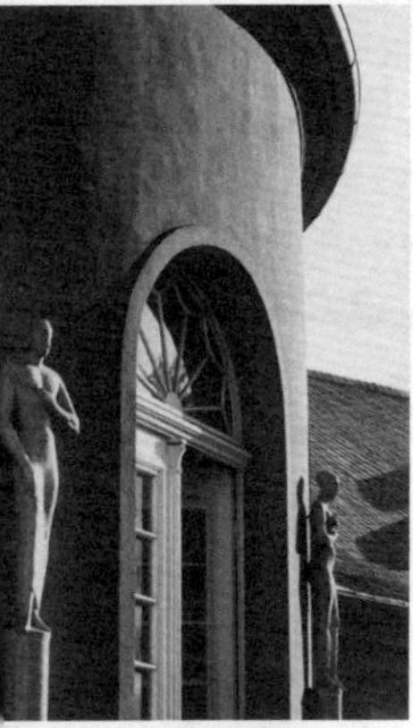

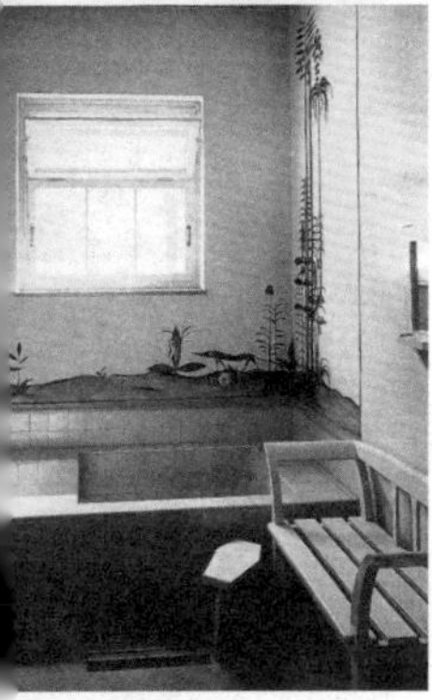

Eingang zum Badehaus, um 1930 | Badezelle mit Ausmalung von Karl Völker, um 1925

stein gewonnen. Der Architekt und damalige Direktor der Schule Paul Thiersch übernahm mit den Leitern seiner Werkstätten die Ausstattung des Empfangs- und Warteraumes. Er selbst entwarf sehr dekorative Tische und Sitzmöbel. Der Leiter der Metallwerkstatt Karl Müller schuf einen mehretagigen Messingkronleuchter und bizarre Heizungsabdeckgitter mit katzenartigen Tieren aus getriebenem und gestanztem Messing. Gustav Weidanz, der Leiter der Keramikwerkstatt, erarbeitete zwei elegante, grün glasierte Keramikfiguren, die den Eingang im Mittelpavillon flankierten, und einen (heute leider zerstörten) Schalenbrunnen auf dem Vorplatz. Der Maler, Grafiker und Architekt Karl Völker führte in der Liegehalle und in einzelnen Badezellen wunderbar dekorativ wirkende, vegetabile Wandmalereien aus. Mit dem Solbad Wittekind gelang dem Stadtbaurat Wilhelm Jost unter Beteiligung unterschiedlicher Künstler ein individuelles Gesamtkunstwerk im Stil des Art déco und des dekorativen Expressionismus, das im Zentrum der künstlerischen und pädagogischen Bemühungen des Neuen Bauens der 1920er-Jahre stand. 1977 wurde das Bad geschlossen. Lange Zeit standen die Gebäude leer. Alle Initiativen zur erneuten Nutzung scheiterten. 2012 erwarb ein Projektträger die Anlage und schuf Wohnungen, Praxisräume sowie einen Kindergarten.

MODERNE MENSCHEN

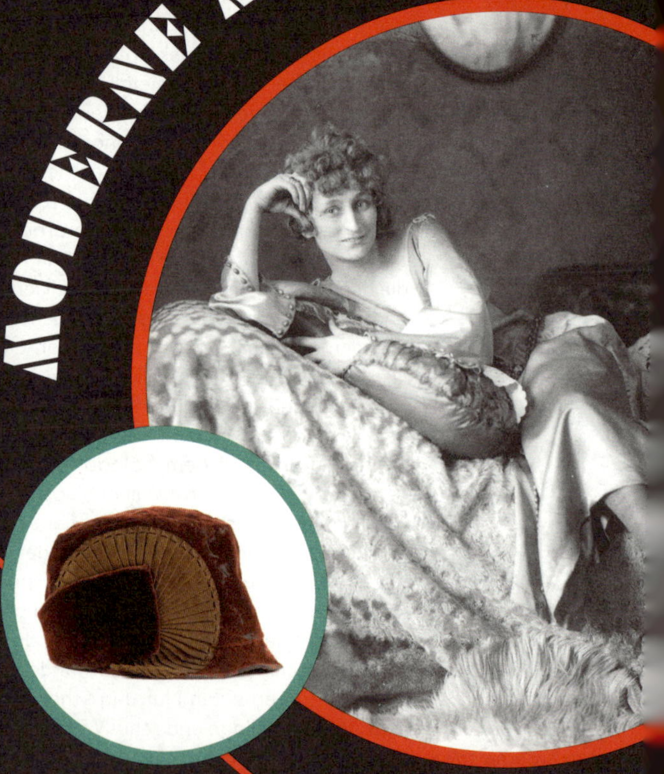

MODERNE MODE

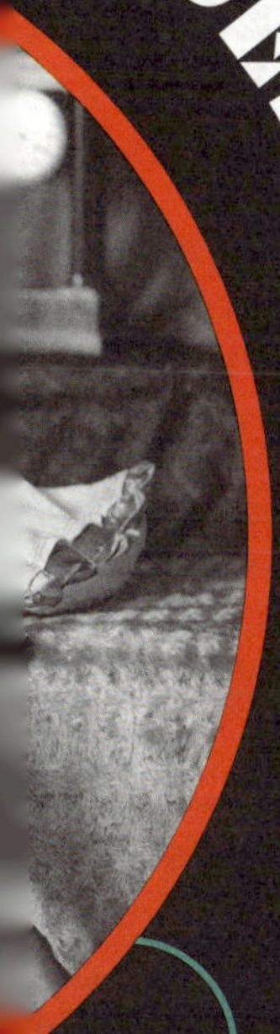

Das typische äußere Erscheinungsbild Deutschlands in den 1920er-Jahren lässt sich im Wesentlichen durch den Begriff Modernität fassen. Am deutlichsten war es in den Städten sichtbar, die in den Jahren seit der Jahrhundertwende stetig gewachsen waren. In der Stadt Halle (Saale) lebten beispielsweise im Jahr 1890 knapp 100 000 Einwohner. 1905 waren es bereits 169 000, und im Jahre 1927 wurde erstmals die Marke von 200 000 Menschen übersprungen, die sich in der Großstadt heimisch fühlten und eine neue Schicht urbaner, berufstätiger Bürgerinnen und Bürger herausbildeten: die Angestellten.

Ein nicht unerheblicher Anteil davon waren Frauen, die sich in den vergangenen Jahrzehnten das Recht auf eine höhere Bildung erkämpft hatten: 1892 die Zulassung zum Abitur, 1900 das Immatrikulationsrecht, 1919 das Wahlrecht und 1920 das Habilitationsrecht. Durch die

Topfhut mit breiter Ripsbandrosette, 1920er-Jahre
Samt, Seidenrips; Hersteller unbekannt,
Original befindet sich in Teil I der Dauerausstellung des Stadtmuseums Halle

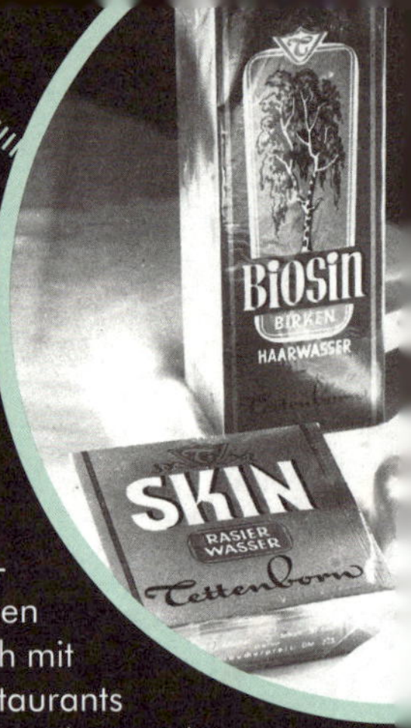

Umstände des Ersten Weltkrieges in eine zunächst ungewohnte Selbstständigkeit gedrängt, standen sie nun in den vormals männlichen Domänen der Öffentlichkeit und des Berufslebens ihre Frau. Als Berufstätige hatten sie sich zumindest in den Städten auch einen bis dahin unbekannten persönlichen Freiraum in der Freizeitgestaltung erobert. Frauen trieben Sport, gingen ins Kino und trafen sich mit Freundinnen und Freunden in Restaurants und Bars. Dort wurde geraucht, getrunken und Foxtrott, Tango oder Charleston getanzt.

Diesem neuen, unabhängigen Selbstbild entsprechend kleidete sich die moderne Frau auch in Halle (Saale) bewusst modisch und funktional. Ihre Einkäufe erledigte sie ganz selbstbewusst in den Kaufhäusern rund um den halleschen Marktplatz und in der Leipziger Straße. Eine auffällige Neuerung waren auch die Frisuren: Erstmals trugen die Frauen das

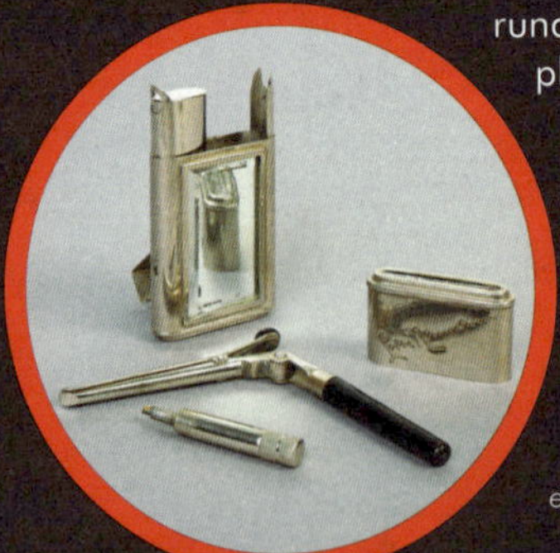

Ondulierset für die Reise mit geprägter Unterschrift Lotte Neumann, 1920er-/30er-Jahre, Neusilber, Blech, Original befindet sich in Teil I der Dauerausstellung des Stadtmuseums Halle

Haar kurz geschnitten, im Pagenschnitt als Bubikopf oder den noch kürzeren Eton-Haarschnitt. Dazu passten kleine, eng anliegende Hüte. Das modische Vorbild für die deutschen Damen war die Pariser Haute Couture, allen voran Coco Chanel. Das kleine Schwarze, ein neutrales, schwarzes Kleid, das mit unterschiedlichsten Accessoires wie Schmuck, Handtasche, Schminketui und Zigarettenspitze zu fast allen Gelegenheiten tragbar ist, gehört seit dieser Zeit zur unverzichtbaren Grundgarderobe jeder Frau.

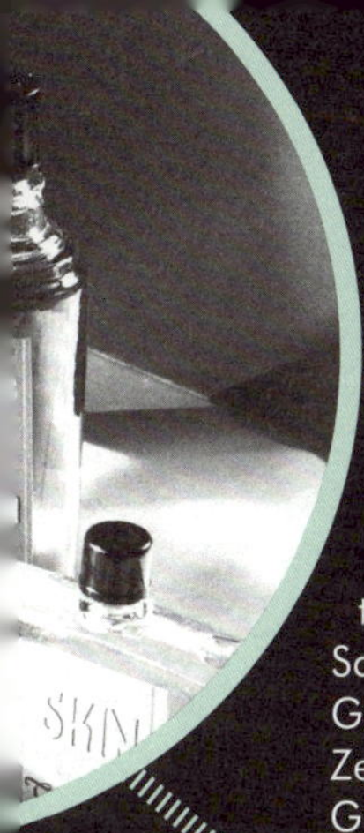

Skin Parfum

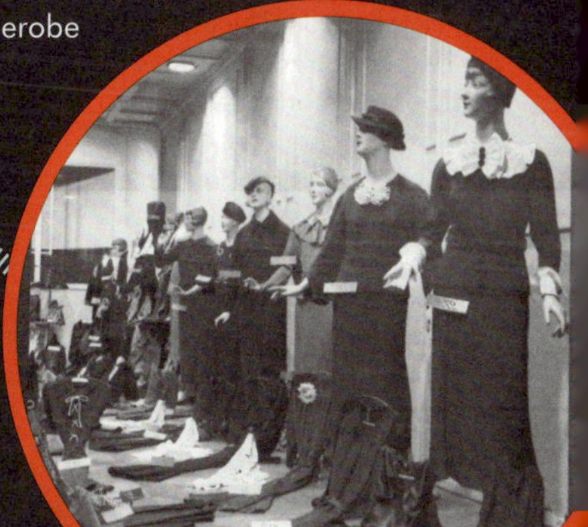

Schaufensterauslage Marke Goldfisch, um 1930

GESCHÄFTSHÄUSER

16 Geschäfts- und Wohnhaus

Leipziger Straße 3
Erbaut: 1927/28, Architekt: Otto Steinkopff

Das viereinhalbgeschossige Geschäfts- und Wohnhaus des Architekten Steinkopff erhebt sich, städtebaulich prägend für den Marktplatz, am Fuße der Leipziger Straße. Der ockergelbe Putzbau wird von einem Flachdach bekrönt und entspricht mit seinen Fensterbändern, die in klaren, kubischen Formen angelegt sind, dem Neuen Bauen. In herausgehobener Eckposition korrespondiert das Gebäude unmittelbar mit dem benachbarten, etwa doppelt so hohen Ratshofturm und leitet zur Traufhöhe der Leipziger Straße über. Verglichen mit ähnlichen Geschäftsbauten, lässt die Architektur ein entschiedenes Bekenntnis zur Moderne erkennen.

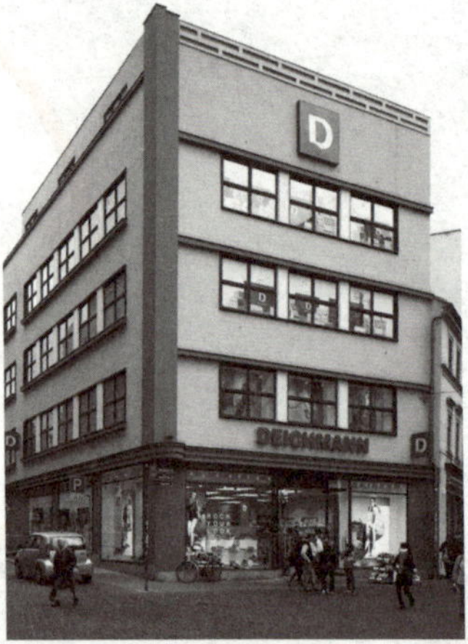

⑰ Wohn- und Geschäftshaus

Geiststraße 39
Erbaut: 1870, Neugestaltung: 1925, Architekt: Richard Schmieder

Das dreigeschossige, im Kern gründerzeitliche Wohn- und Geschäftshaus des Fahrrad- und Mopedhändlers Paul Krause wurde im Jahr 1925 vom Architekten Richard Schmieder umgebaut und

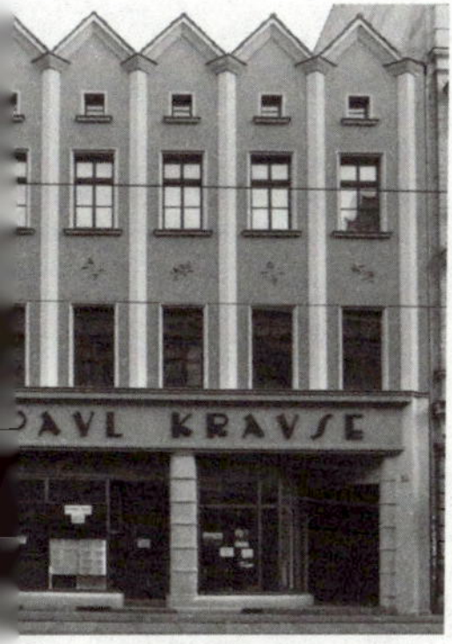

mit einer modern-expressionistischen Fassade versehen. Der hellgrün und hellgelb gestaltete Putzbau wird von fünf Zackengiebeln bekrönt, die in der Vorderansicht durch dreieckige Wandvorlagen verstärkt werden und die Fassade damit fünffach gliedern. Durch diese besondere moderne Gestaltung avancierte der Bau zu einer für die Geiststraße prägnanten und auffälligen Architektur.
Zwischen den Fensterreihen des ersten und zweiten Stocks befinden sich geometrische Stuckelemente im Stil des Art déco, die gemeinsam mit der von Richard Schmieder typografisch gestalteten Fassadenbeschriftung des Namens des Eigentümers und mit der noch bis heute im Originalzustand erhaltenen Schaufenstergestaltung ein charakteristisches Bild der Architektur der Moderne der 1920er-Jahre in Halle (Saale) hinterlassen haben.

Werbung für das Motor- und Fahrradhaus Paul Krause auf einer 1.000-Dollar-Phantasiebanknote, 1928
Druck: Reklameverlag Paul E. Sernau, Halle (Stadtmuseum Halle)

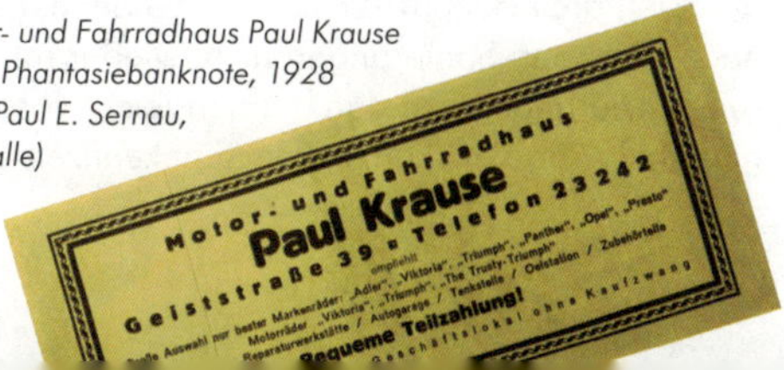

⑱ Bürohaus Sernau

Forsterstraße 29
Erbaut: 1921/22, Architekten: Martin Knauthe und Alfred Gellhorn

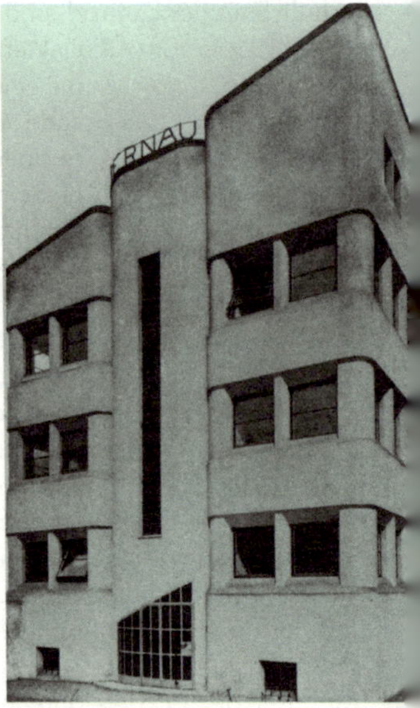

Der Spielwaren- und Scherzartikelexporteur Paul Edgar Sernau ließ sich von den Architekten Martin Knauthe und Alfred Gellhorn ein Bürohaus errichten, das heute in der plastisch-expressiven Verwendung sachlich-moderner Bauformen ein hervorragendes Beispiel für die großstädtisch-avantgardistische Profanarchitektur in Halle (Saale) darstellt.
Den eigenwilligen, drei- bis viergeschossigen Putzbau mit flach geneigtem Pultdach prägen horizontal umlaufende, an den Gebäudeecken abgerundete Fensterbänder. Diese kommen insbesondere durch abgeschrägte Sohlbänke, Stürze und Pfosten zur Geltung. Die ursprüngliche, nicht straßen-, sondern hofseitig orientierte Eingangssituation mit dreieckigem Türsturz wurde bei einer der nachfolgenden Sanierungen nicht wieder rekonstruiert. Die heutige ist durch einen leicht vorspringenden Vorbau mit kurzem Dach gekennzeichnet.

Bei der Wahl des Materials für die Innengestaltung wurde ebenso große Sorgfalt auf eine besondere Wirkung wie bei der Außengestaltung des Bürohauses gelegt. Für das Treppenhaus wurden roter Terrazzo und Tombakrohr verwendet. Die Wandflächen der Verbindungstreppe zwischen dem ersten und zweiten Geschoss zeigen Malereien von Karl Völker, einem Knauthe sehr nahe stehenden Freund. Alfred Gellhorn und Martin Knauthe betrieben in der Zeit zwischen 1921 bis 1925 in Halle ein gemeinsames Büro. Vermutlich entstand durch den Auftrag für das Bürohaus Sernau diese Architektengemeinschaft. Leider haben sich für das Bürohaus keine Bauakten mit Entwürfen und Baubeschreibungen erhalten, was schwerlich die jeweilige einzelne Beteiligung beider Architekten verdeutlichen könnte. Interessanterweise war das Bürohaus Sernau als ein Bestandteil einer Gruppe von Bürohäusern geplant gewesen, die jedoch nicht ausgeführt wurden.

19 Kaufhaus Ritter

Leipziger Straße 87–92
Erbaut: 1879, 1927/28, Architekt: Bruno Föhre

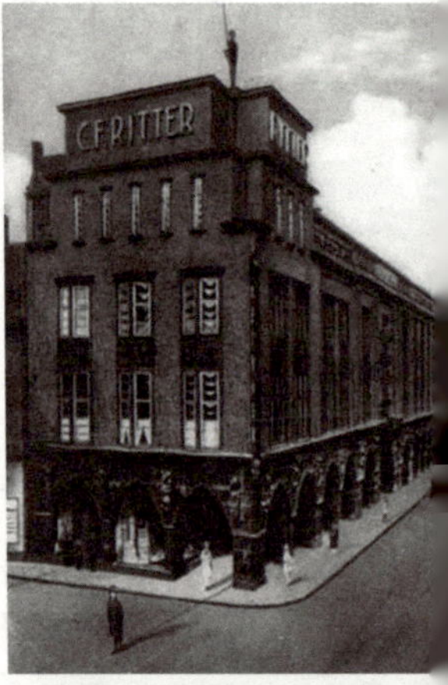

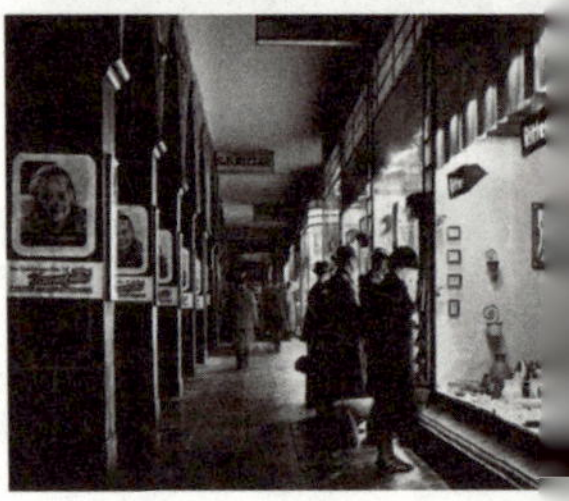

Der Architekt Bruno Föhre legte bei dem sich ehemals entlang der Leipziger Straße erstreckenden Geschäftshaus Ritter besonderes Augenmerk auf eine ausgeprägte Differenzierung in der Gruppierung der Baukörper. Das lang gestreckte Kaufhaus betonte Föhre zur Straße hin mit Arkaden, die er an der Ecke zur Großen Brauhausstraße durch einen turmartig erhöhten Körper abschloss. Vielfältige stilistische Bezüge, unter anderem gotische Spitzbögen und expressionistische Klinkermuster, bildeten beim Kaufhaus Ritter ein harmonisches Verhältnis zwischen Tradition und Moderne. Mit den senkrechten Fensterbahnen und der Pfeilerarchitektur schien der Architekt die Ästhetik der Bauweise der Jahre vor dem Ersten Weltkrieg wieder aufleben zu lassen.
Der an gleicher Stelle entstandene Neubau des von Bomben zerstörten Kaufhauses kann mit der heutigen Gestaltung seinen modernen Vorgängerbau nicht ersetzen.

20 Wohn- und Geschäftshaus

Neunhäuser 5
Erbaut: 1927, Architekten: Julius Kallmeyer und Wilhelm Facilides

Das viergeschossige Wohn- und Geschäftshaus am Neunhäuser 5 befindet sich an der Ecke zur Brüderstraße und basiert auf einem Vorgängerbau aus der Gründerzeit. Das in gemäßigt moderner Haltung von den Architekten Julius Kallmeyer und Wilhelm Facilides konzipierte Gebäude akzentuiert die Kreuzung beider Straßen sehr auffällig durch einen expressionistisch geprägten Baudekor. Die horizontale Werksteingliederung, die über Eck geführten Fensterbänder und das flache, aber optisch sehr wirksame Walmdach verleihen dem Wohn- und Geschäftshaus ein charakteristisches Aussehen. Im Vergleich mit dem wenige Schritte entfernten, durch Otto Steinkopff konzipierten Geschäftshaus in der Leipziger Straße 3 wird auch am Neunhäuser 5 die stilistische Position des Neuen Bauens deutlich.

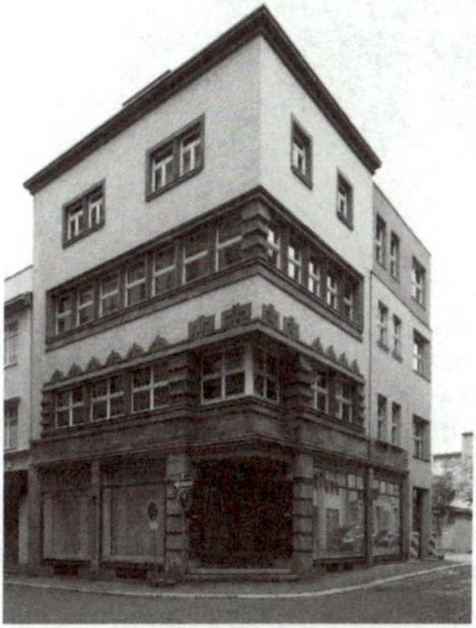

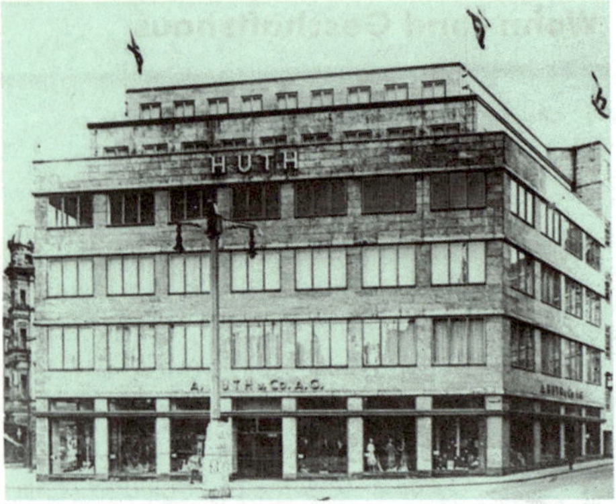

21 Kaufhaus Huth

Marktplatz 20/21
Erbaut: 1928, Architekten: Wilhelm Ulrich und Gustav Wolff

Das Kaufhaus A. Huth gehörte mit dem gegenüberliegenden Kaufhaus Lewin und dem Ratshof zu den wichtigsten Bestandteilen der umfassenden modernen Neugestaltungskonzeption des Zentrums von Halle (Saale) in den 1920er-Jahren.
Der vom Textilkaufmann Adolf Huth in Auftrag gegebene sechsgeschossige, kubische Stahlskelettbau wurde vom Büro der Architekten Wilhelm Ulrich und Gustav Wolff, die auch zwei Jahre zuvor das Wohnhaus des Unternehmers entworfen hatten, 1927 geplant und im Jahr 1928 umgesetzt. Den Auftrag, das in monumentalisierten Formen des Neuen Bauens gestaltete, mit einer Muschelkalkverblendung versehene Kaufhaus zu errichten, erhielt die hallesche Filiale der Baufirma Philipp Holzmann AG. Das Gebäude erhob sich in sechs Etagen, wobei die beiden oberen Geschosse attikaartig zurückgesetzt gestaltet wurden, auf einer

Grundfläche von 1 326 m². Ein klares und sachliches Aussehen erzielten die Architekten insbesondere durch eine ornamentlose Gestaltung sowie durch bandartig umlaufende Fensterreihen und ein Flachdach. Das Erdgeschoss sowie das erste und zweite Obergeschoss dienten als Verkaufsräume, die die Kundschaft über

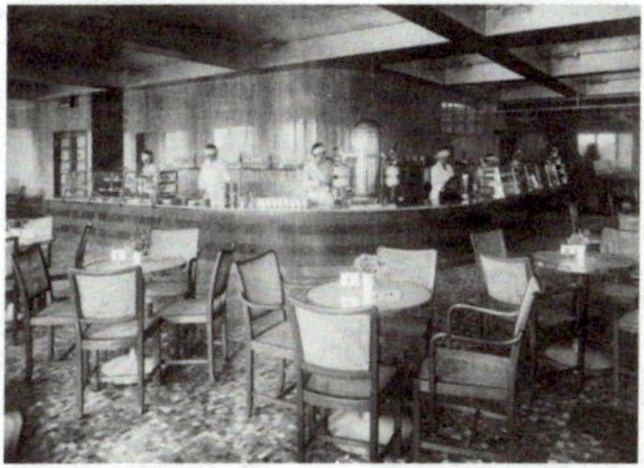

vier Treppenhäuser und vier Aufzüge erreichte. Im dritten Obergeschoss verfügte das Textilkaufhaus über ein eindrucksvolles Restaurant, seinen „Erfrischungsraum", der 300 Gästen einen Platz zum Verweilen und von seiner das Geschoss umlaufenden Terrasse aus einen eindrucksvollen Blick auf den Marktplatz bot. Die beiden pyramidal zurückgestuften Obergeschosse waren als Verwaltungstrakt für das Personal vorgesehen. Nach der Eröffnung waren in 50 Abteilungen etwa 500 Mitarbeitende im Kaufhaus Huth beschäftigt. Dem Warenhaus wurde kein positives Schicksal zuteil. Hatte es als Kinderkaufhaus die DDR-Zeit noch überdauert, so wurde es im Jahr 1993 abgerissen und durch einen heute architektonisch sehr kritisch gesehenen Neubau des Kaufhof-Konzerns ersetzt.

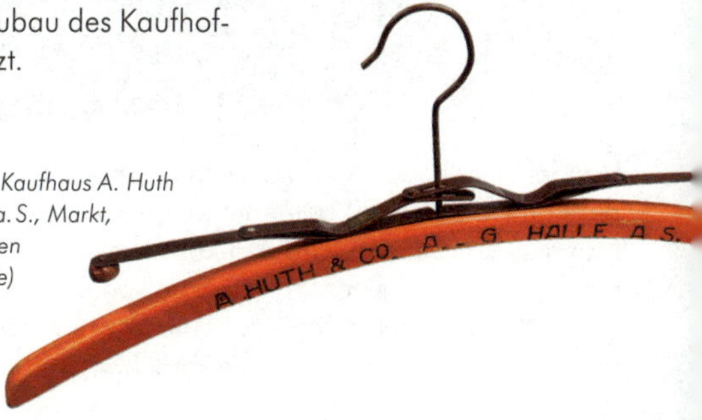

Patentkleiderbügel Kaufhaus A. Huth & CO A.-G. Halle a. S., Markt, ca. 1925, Holz, Eisen (Stadtmuseum Halle)

22 Kaufhaus J. Lewin

Marktplatz 3–7
Erbaut: 1929, Architekt: Bruno Föhre

Das ehemalige Kaufhaus J. Lewin nimmt mit seinen platzbildbeherrschenden Proportionen und seiner eklektizistischen Fassadengestaltung mit Elementen des Neuen Bauens, des Neoklassizismus und des Art déco eine dominante Position am halleschen Marktplatz ein. Im Jahr 1929 erhielt der Architekt Bruno Föhre von der jüdischen Kaufmannsfamilie Lewin, die seit 1859 mit Textilwaren in Halle (Saale)

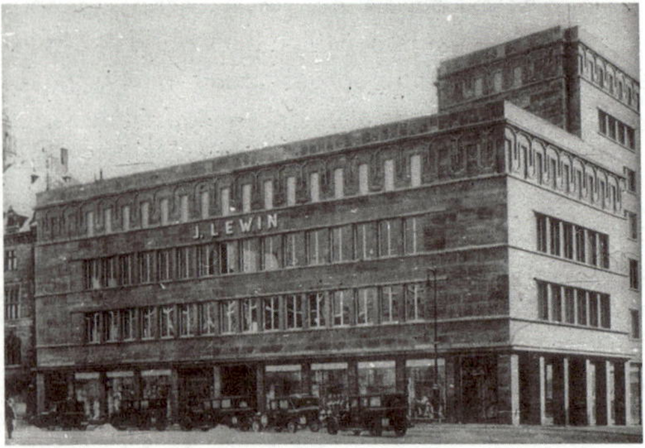

Handel betrieb, den Auftrag, einen Neubau des von der Familie seit 1890 betriebenen Geschäftes am Markt zu konzipieren. Um den kubischen Stahlbetonskelettbau auf einer Grundfläche von 1 170 m^2 zu errichten, mussten zunächst Häuser am Marktplatz und am Bechershof abgebrochen werden.

Das Dach wurde teilweise aus Glasoberlichtern erbaut, um das oberste Geschoss zu erhellen. Die vorderen Fassaden ließ Föhre mit graublau getöntem Kirchheimer Muschelkalk verkleiden, die Rückseite des Kaufhauses hingegen schlicht, nämlich als Sichtziegelbau, ausführen. An das viergeschossige, 19 Meter hohe Kaufhaus setzte der Architekt in Richtung Schülershof einen leicht nach innen eingerückten, siebengeschossigen, turmartigen, 32 Meter hohen Flügelbau. Das gesamte Vorderhaus und die unteren vier Geschosse des Turmes wurden für Verkaufszwecke genutzt, das vierte und fünfte Obergeschoss fungierten als Warenlager, die sechste Etage nahm die Büroräume auf. Die Fassade zum Marktplatz öffnet sich im Erdgeschoss mit einer 140 Meter langen Schaufensterfront zu einer Kolonnade, die zum Schülershof führt. Bauplastisch markant hebt sich das Oberschoss durch eine mäanderartige Motivverzierung von den horizontal verlaufenden Bändern und Gesimsen ab. Ein gleichartiges Musterband findet sich auch am Abschluss des Turmes.

Das Kaufhaus J. Lewin bot nach seiner Fertigstellung Kleider- und Seidenstoffe, Teppiche, Möbelstoffe, Leinen- und Baumwollwäsche sowie Damen- und Kinderbekleidung an und beschäftigte 50 männliche sowie 125 weibliche Angestellte, darunter 25 Näherinnen. Mit der Machtergreifung der Nationalsozialisten wurden die Firma Lewin enteignet und das Gebäude zwangsversteigert. Heute befinden sich eine Buchhandlung, ein Textilwarengeschäft, Büroräume und Wohnungen in dem modernen Kaufhausgebäude.

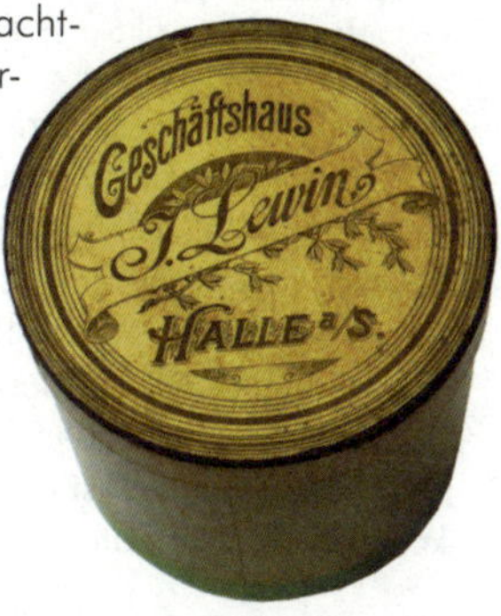

Muffschachtel aus dem Kaufhaus J[ulius]. Lewin, Markt, ca. 1920, Pappe, Papier (Stadtmuseum Halle)

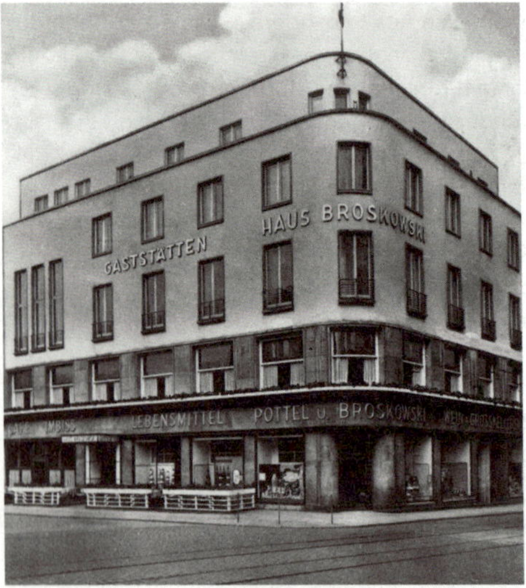

㉓ Geschäftshaus Pottel & Broskowski

Waisenhausring 16
Erbaut: 1930, Architekt: Bruno Föhre

Der Architekt Bruno Föhre errichtete in Halle (Saale) nicht nur das am Markt befindliche Kaufhaus J. Lewin, sondern er konzipierte auch die grundlegende Umgestaltung des Geschäftshauses Broskowski an der Ecke Leipziger Straße / Waisenhausring und den Neubau des sich in Richtung Markt in der Leipziger Straße anschließenden Kaufhauses Ritter.
Als Vertreter des Neuen Bauens gelang Bruno Föhre mit seinen Kaufhausbauten, insbesondere mit dem Geschäftshaus Broskowski, ein sehr gutes städtebauliches Zusammenspiel mit dem

Leipziger Turm. Der als Wein- und Feinkosthandlung sowie Restaurant geführte fünfgeschossige, flach gedeckte Putzbau erhebt sich eindrucksvoll auf einem gekurvten Grundriss, über dem ein werksteinverblendetes Erdgeschoss mit Attika und einer bandartigen Anordnung der Fenster aufragt. Föhre nutzte hier eine typischerweise für die Betonung der Ecklage großstädtischer Geschäftshausarchitektur der 1920er-Jahre verwendete Bauweise und schuf eine moderne Architektur sachlich-repräsentativen Charakters. Besonders gelungen erscheint die Anordnung der in den Stockwerken nach oben immer kleiner werdenden Fenster, womit eine ausgezeichnete Anbindung der gemäßigt modernen Architektur an die gründerzeitliche Nachbarbebauung gelang.

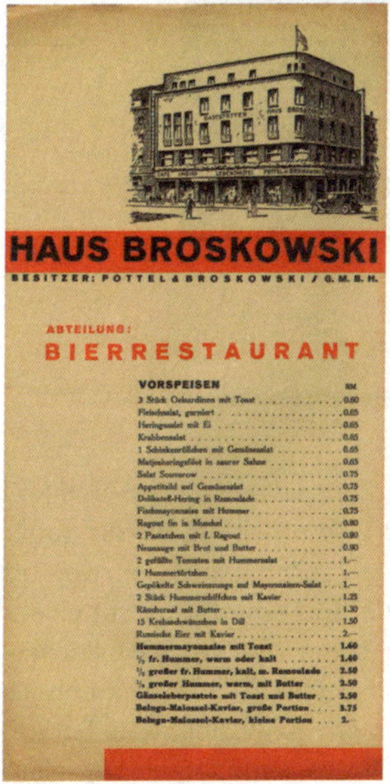

HAUS BROSKOWSKI

BESITZER: POTTEL & BROSKOWSKI / G.M.B.H.

ABTEILUNG:

BIERRESTAURANT

VORSPEISEN	RM
3 Stück Oelsardinen mit Toast	0.80
Fleischsalat, garniert	0.65
Heringssalat mit Ei	0.65
Krabbensalat	0.65
1 Schinkenröllchen mit Gemüsesalat	0.65
Matjesheringsfilet in saurer Sahne	0.65
Salat Souvarow	0.75
Appetitsild auf Gemüsesalat	0.75
Delikateß-Hering in Remoulade	0.75
Fischmayonnaise mit Hummer	0.75
Ragout fin in Muschel	0.80
2 Pastetchen mit f. Ragout	0.90
Neunauge mit Brot und Butter	0.90
2 gefüllte Tomaten mit Hummersalat	1.—
1 Hummertörtchen	1.—
Gepökelte Schweinszunge auf Mayonnaisen-Salat	1.—
2 Stück Hummerschiffchen mit Kaviar	1.25
Räucheraal mit Butter	1.30
15 Krebsschwänzchen in Dill	1.50
Russische Eier mit Kaviar	2.—
Hummermayonnaise mit Toast	**1.60**
1/2 fr. Hummer, warm oder kalt	**1.40**
1/2 großer fr. Hummer, kalt, m. Remoulade	**2.50**
1/2 großer Hummer, warm, mit Butter	**2.50**
Gänseleberpastete mit Toast und Butter	**2.50**
Beluga-Malossol-Kaviar, große Portion	**3.75**
Beluga-Malossol-Kaviar, kleine Portion	**2.—**

Speisekarte

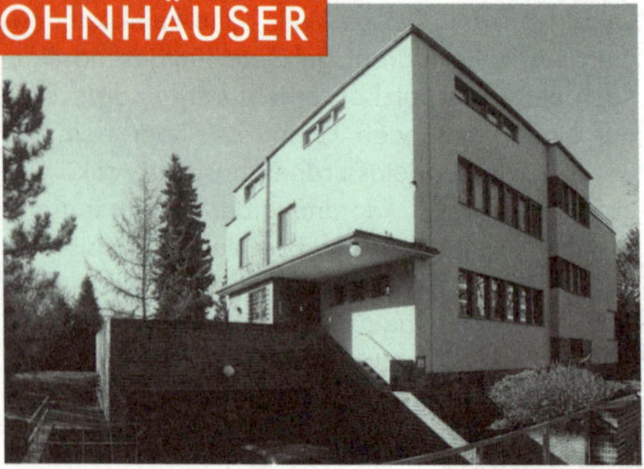

24 Haus Paris

Ernst-Grube-Straße 24
Erbaut: 1930, Architekten: Julius Kallmeyer und Wilhelm Facilides

Der hallesche Unternehmer Bruno Paris ließ sich vom Architektenbüro Kallmeyer & Facilides eine Villa errichten, die als qualitätsvolles Beispiel für das Neue Bauen gelten kann. Der zwei- bis dreigeschossige, kubische, verputzte Bau erhebt sich auf einem nahezu quadratischen Grundriss. Er ist markant durch ein flaches, schiefergedecktes Walmdach gekennzeichnet. Das Treppenhaus tritt als Risalit mit Klinkerfensterbändern zur Straßenseite hervor. Die Eingangszone ist ebenso aus Klinkern gemauert und mit einer Freitreppe sowie einem Kragdach betont abgesetzt. Die Rückseite des Gebäudes ist im Gegensatz dazu mit einer überdachten Terrasse und einem Balkon ruhiger gegliedert. Das Vestibül öffnet sich zur zentralen Diele, die Wohn- und Gesellschafts- sowie Arbeitsräume erschließt. Heute wird die Villa als Pension, Klinik und Forschungsinstitut genutzt.

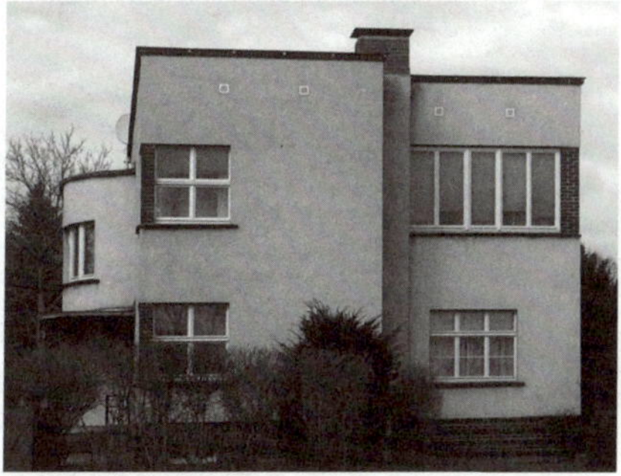

25 Haus Köppe

Habichtsfang 9b
Erbaut: 1928, Architekt: Richard Schmieder

Das zweigeschossige Haus Köppe stellt ein exquisites Beispiel für das Neue Bauen im Bereich der Wohnhäuser und Villen in Halle (Saale) dar. Der Architekt Richard Schmieder gestaltete diesen Putzbau als asymmetrisch angeordneten Baukörper und ließ sich dabei von der Architektur des Dessauer Bauhauses inspirieren. Über einem Klinkersockel ordnet sich das Haus würfelförmig auf einem eher unkomplizierten Grundriss an. Ein viertelkreisförmig vortretender Runderker sowie eine Loggia und Übereckfenster verleihen dem Gebäude ein charakteristisches Aussehen. In dynamisch-expressiver Weise fühlt sich das Haus Köppe durch seine ökonomische Raumanordnung der modernen Architektur der 1920er-Jahre verpflichtet.

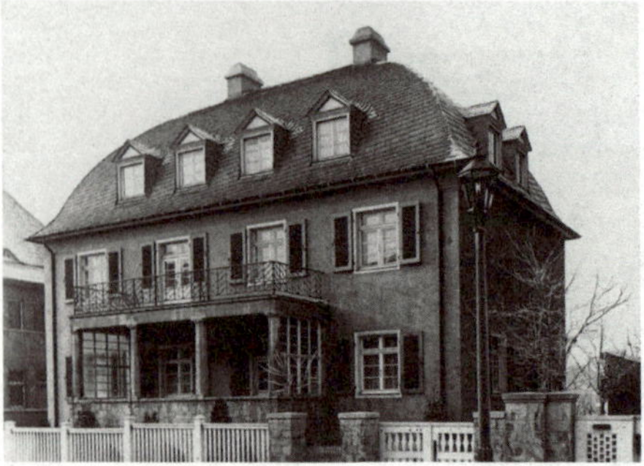

26 Wohnhaus

Heinrich-Heine-Straße 2
Erbaut: 1927, Architekt: Wilhelm Jost

Die für den Universitätskurator Dr. Sommer von der Martin-Luther-Universität Halle-Wittenberg als Dienstwohnung errichtete Villa ist eine der wenigen von Stadtbaurat Wilhelm Jost ausgeführten Privathäuser. Den zweigeschossigen Putzbau kennzeichnen ein geschweiftes Walmdach und dezent neoklassizistische Details, sodass es sich in besonderer Weise von den Bauten der Nachbarschaft abhebt. Die straßenseitige Fassade mit Loggia und toskanischen Säulen lässt das Wohnhaus wie ein Landhaus erscheinen und verleiht ihm dadurch insbesondere eine großbürgerliche, konservativ-historisierende Prägung. Die an die neubiedermeierliche Tradition angelehnten Gauben, Sprossenfenster und Fensterläden kennzeichnen die Villa zudem als typische Architektur des ersten Viertels des 20. Jahrhunderts.

27 Wohnhaus

Heinrich-Heine-Straße 6
Erbaut: 1929/30, Architekten: Julius Kallmeyer und Wilhelm Facilides

Das zweigeschossige Wohnhaus befindet sich auf einem Eckgrundstück in der Heinrich-Heine-Straße und setzt durch seine ausgewogene Baumassen-

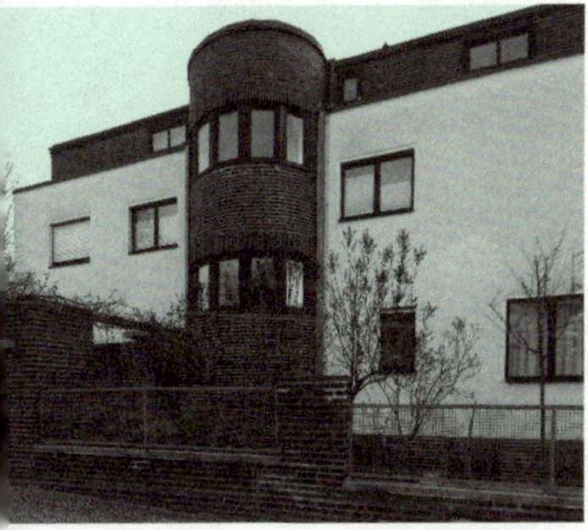

verteilung einen wirkungsvollen Akzent. Der verputzte Bau wird von einem verklinkerten Attikageschoss bekrönt und von einem Flachdach abgeschlossen. Insbesondere der bugartig vortretende, in Ziegeln gefertigte Treppenturm zur Straßenseite, der sich über einem halbkreisförmigen Grundriss erhebt, kontrastiert die schlichte Fassade des Hauses. Dem symmetrisch gegenüber befindet sich am Gebäude, und zwar zur Gartenseite des Grundstücks ausgerichtet, ein seitlich versetzter, zylinderförmiger Wintergarten, der die gelungene Formensprache des Wohnhauses zusätzlich unterstreicht. Kallmeyers und Facilides' Entwurf verleiht der Architektur zudem durch eine Einfriedung mit einer vielfach gestuften Umfassungsmauer aus Ziegeln einen ganz individuellen Charakter. Das Haus darf als ein exzellentes Beispiel des Neuen Bauens im Bereich des gehobenen Wohnhausbaus in Halle (Saale) gelten.

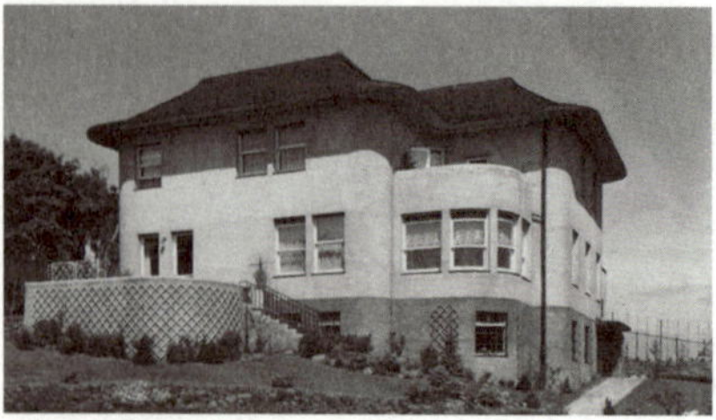

28 Haus Huth

Hoher Weg 13
Erbaut: 1926, Architekten: Wilhelm Ulrich und Gustav Wolff

Die Villa des Kaufhausbesitzers Adolf Huth wurde 1926 am Hohen Weg im Stadtteil Kröllwitz errichtet. Sie besticht bereits aus der Ferne, in straßenbildprägender Höhenlage über dem Saaletal, durch ein vorkragendes Walmdach, das sich über zwei orthogonal ausgerichteten, schlichten Baukörpern mit abgerundeten Ecken erhebt. Von außen unsichtbar, teilt sich das Gebäude in einen Wohn- und einen Bedienstetenflügel, die sich um einen kreisförmigen Dielenbereich gruppieren. Die Repräsentations- und Wohnräume sind tangential in den Obergeschossen angeordnet. Diese extravagante Raumstruktur des dreigeschossigen Putzbaus hat sich nahezu unverändert erhalten. Das Haus Huth nahm in seiner Architektur Anleihen an Frank Lloyd Wrights, Erich Mendelsohns und Thilo Schoders zeitgenössischen, großbürgerlichen Villenbau, es zählt aber zu den bemerkenswerten Beispielen des Neuen Bauens auf dem Gebiet in der Stadt Halle (Saale). Nur zwei Jahre später entwarfen die Architekten Wilhelm Ulrich und Gustav Wolff für Adolf Huth ebenso im Stil des Neuen Bauens ein gleichermaßen eindrucksvolles Warenhaus am Markt, das heute leider nicht mehr existiert.

29 Haus Aubin 30 Haus Claussen

Kirschbergweg 12 und 12a
Erbaut: 1923–26, 1929/30, Architekt: Otto Rudolf Salvisberg

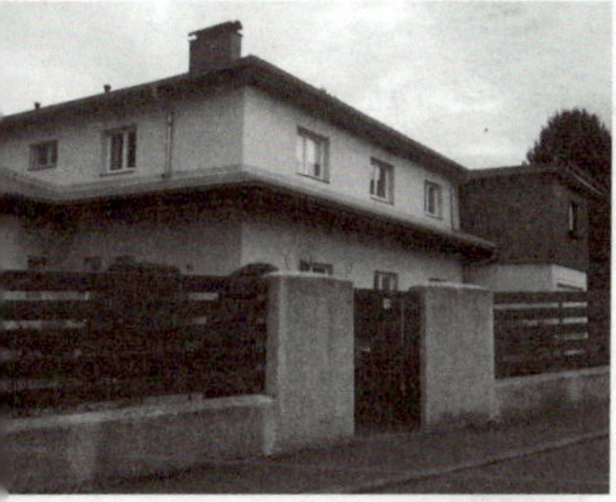

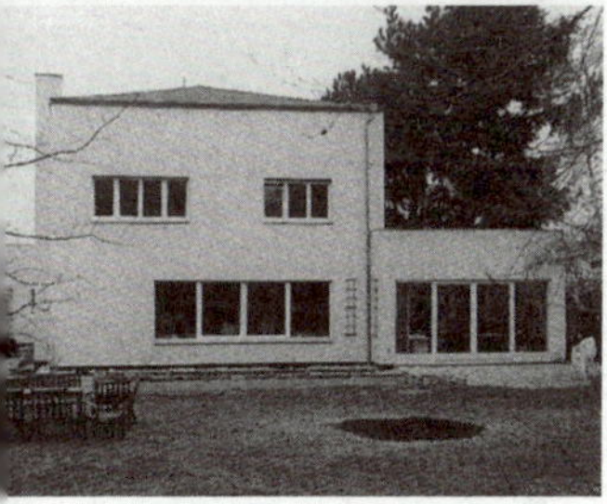

Die beiden benachbarten Villen, Haus Aubin und Haus Claussen, verdeutlichen sehr eindrucksvoll die beiden Pole im Œvre des Schweizer Architekten Otto Rudolf Salvisberg in den 1920er-Jahren in Halle (Saale). Obwohl sich die im Abstand von fünf Jahren entstandenen Bauten stilistisch unterscheiden, ist ihre Grundrissorganisation nahezu vergleichbar. Die beiden Hauptgeschosse erheben sich über einem quadratischen Grundriss, im Norden schließen sich jeweils eingeschossige Anbauten an, im Süden ergänzt ein Wintergarten beide Ensembles. Die Architektur des Wohnhauses für Professor Dr. Gustav Aubin bleibt in seiner Architektur mit einem flachen Walmdach, quadratischen Fensterformaten, dekorativer Versprossung und einem Natursteinsockel einer eher konservativen Baugesinnung verhaftet und könnte an die frühen Arbeiten Frank Lloyd Wrights erinnern. Die Villa des halleschen Augenarztes Clausen entspricht mit ihrem stereometrischen Baukörper einer deutlichen Hinwendung zum Neuen Bauen der 1920er-Jahre. Sie befindet sich von der Straße zurück gesetzt in der zweiten Reihe.

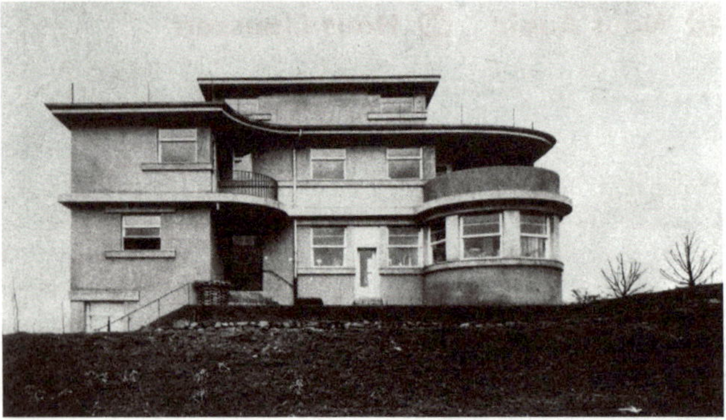

31 Haus Crodel (Villa Niemeyer)

Lettiner Straße 15, heute Äußere Lettiner Straße 22
Erbaut: 1924/25, Architekt: Johannes Niemeyer

Der Architekt Johannes Niemeyer, von 1921 bis 1924 Leiter der Fachklasse für Raumgestaltung an der Kunstschule Burg Giebichenstein, hinterließ mit seinem eigenen Wohnhaus eine hochoriginelle Architekturschöpfung der Moderne in Halle (Saale). Der zwei- bis dreigeschossige Putzbau mit weit vorkragenden Flachdächern befindet sich auf einer Anhöhe in der Lettiner Straße im Norden der Stadt im Ortsteil Kröllwitz und besticht im Landschaftsbild des Saaletals durch eine kraftvolle, massive Wirkung, jedoch auf einem dynamisch-asymmetrisch und vielfach gekurvten Grundriss. In Verbindung mit sachlich-modernen und expressionistischen Stilelementen, etwa kräftigen Horizontalgesimsbändern,

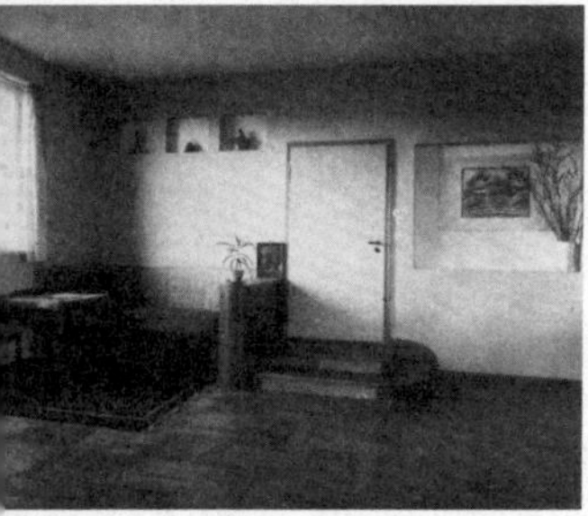

← *Wohnzimmer der Villa Niemeyer*

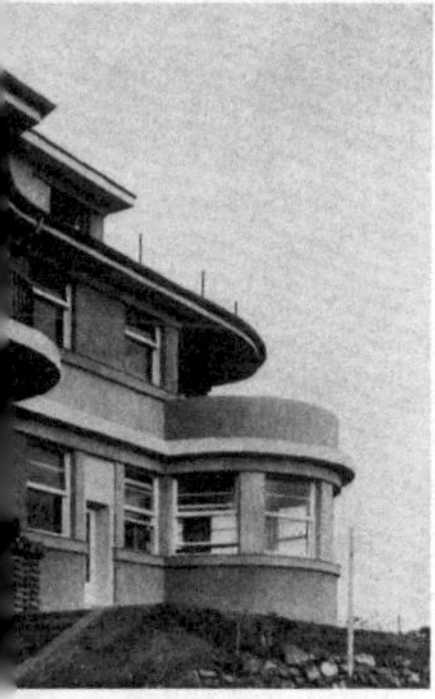

entstehen fließende Linien, die Anregungen des holländischen Expressionismus der De-Stijl-Bewegung und der von Erich Mendelsohn und Hugo Häring geprägten „organischen" Architektur erahnen lassen. Die Balkone, Terrassen, ein Runderker und der ebenfalls von Niemeyer gestaltete Garten heben den Bau in seiner Umgebung eindrucksvoll hervor. Um ihr eine optische Leichtigkeit zu verleihen, versah der Architekt seine Villa mit einem grünen Anstrich, der sich nach oben geschossweise aufhellte. In klarer Abgrenzung dazu wurden die Gesimse weiß, die Fensterrahmen betonfarben und die Schornsteine rot gehalten.
Die Familie Niemeyer bewohnte das Haus aus finanziellen Engpässen jedoch nur eine kurze Zeit. Bereits 1927 vermietete und 1928 verkaufte Johannes Niemeyer das Haus an den spätexpressionistischen Maler und Professor an der Kunstschule Burg Giebichenstein Charles Crodel, der es als Wohn- und Atelierhaus nutze. Im Inneren schuf Crodel eindrucksvolle Wandmalereien und Fresken. Die Villa befindet sich noch heute im Besitz der Familie des für die Stadt Halle (Saale) bedeutenden Malers.

32 Haus Ulrich (Villa *Zu den Sieben Waben*)

Ratswerder 7
Erbaut: 1924/25, Architekt: Wilhelm Ulrich

Das Schlüsselwerk für das expressionistische Architekturverständnis Wilhelm Ulrichs stellt sein eigenes Wohnhaus dar, das 1924 innenstadtnah am Ratswerder in landschaftsbildprägender Uferlage an der Saale entstand. Als Grundriss wählte der Architekt eine Kombination aus sieben gleichseitigen Waben mit 3,6 Meter äußerer und 6 Meter innerer Kantenlänge, was einer hexagonalen Form entsprach. Um den regelmäßig sechseckigen Kern lagerte der Architekt im Erdgeschoss ebenso wie im ersten Obergeschoss sechs regelmäßige, einander gleichende Räume. Sie waren in gleichbleibendem Rhythmus durch Anwendung eines Winkels von 120 Grad angelegt. Das steile Dach wirkt weit herabgezogen

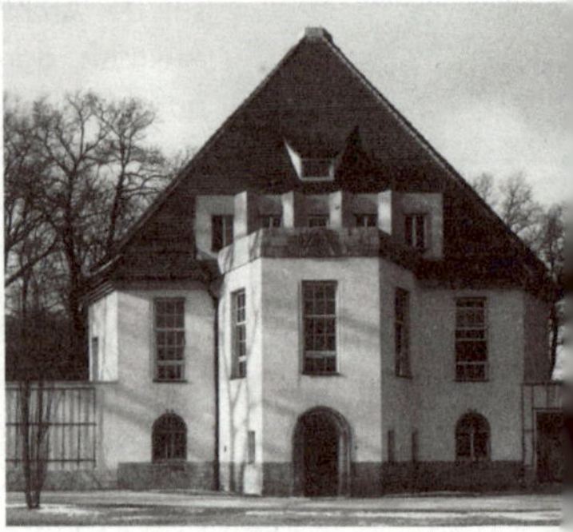

und setzt in Form einer dreiseitigen Pyramide mit abgeschrägten, nach oben spitz zulaufenden Kanten unmittelbar über dem ersten Obergeschoss an und schneidet drei der äußeren Sechsecke in der Diagonale. Die dabei entstandenen trapezförmigen Flächen bildete Ulrich als Balkone für die Zimmer im zweiten Obergeschoss aus. Wegen der Nähe

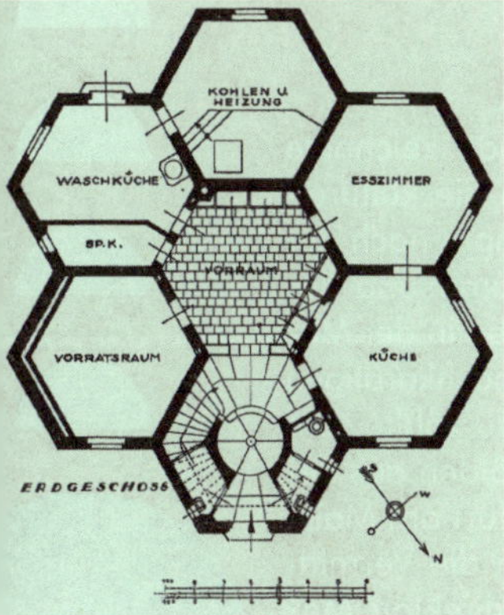

zum nahen Ufer der Saale und des damit zusammenhängenden hohen Grundwasserstandes konzipierte Ulrich seinen dreigeschossigen Putzbau ohne Keller, sodass diese Funktionen durch das Sockelgeschoss mitübernommen wurden. Der Vorratsraum, die Waschküche und die Heizung befanden sich somit auf einer Ebene mit dem Esszimmer und der Küche. Im Ober- und im Dachgeschoss waren die Wohn- und Schlafräume angeordnet. In der äußeren Gestaltung der Villa dominieren die vor- und zurücktretenden, polygonal gebrochenen Flächen. Indem der Architekt das Sechseck als gleichsam organische Urform dem rationalen Element des Rechteckes gegenüberstellte, nutzte er die Natur als Vorbild. Er verwies nicht nur auf das Wabenprinzip des Bienenstocks, sondern auch auf die Anordnung von Wasserblasen, die sich ebenfalls in Sechseckformation gruppieren. Auf der Eingangsseite des Hauses brachte Wilhelm Ulrich demonstrativ den Schriftzug „Zu den Sieben Waben – 1924" an und fixierte damit nicht nur seinen eigenen Entwurf, sondern leistete auch einen bedeutenden Beitrag zur experimentellen Architektur der Weimarer Republik.

Neben seinem Eigenheim realisierte der Architekt weitere Projekte in der Stadt Halle (Saale) in Sechseckform, u. a. den überzeugenden Bau der Kirche Zur Heiligsten Dreieinigkeit in der Lauchstädter Straße. Allerdings basieren nicht alle Bauten Ulrichs auf dem hexagonalen System, etwa das kubisch geprägte, 1992 abgerissene Kaufhaus Huth am Marktplatz.

Die Wirtschaftskraft der Stadt zeichnete sich in erster Linie auch durch die kulturellen und architektonischen Trümpfe nach der Jahrhundertwende aus. Die Sammlung des Museums für Kunst und Gewerbe in der Moritzburg konnte mit zahlreichen hochkarätigen Ankäufen ergänzt werden. Dazu zählte zum einen der Erwerb von 24 Gemälden aus der Sammlung Rosy Fischer (Frankfurt am Main) im Dezember 1924, die durch die Vermittlung des ehemaligen Museumsdirektors Max Sauerlandt und dank dessen achtenswerten

BILDUNG UND KULTUR

Einsatzes gemeinsam mit Oberbürgermeister Dr. Richard Robert Rive beim Magistrat und bei der Stadtverordnetenversammlung von der Stadt angekauft wurde. So „ist das Hallenser Museum mit einem Schlage in die vorderste Reihe der Galerien eingerückt, denen Kunst der Gegenwart Auseinandersetzung mit der Zeit und Selbstprüfung bedeutet", urteilte der Kunsthistoriker und -kritiker Will Grohmann 1925. Durch die Sammlung Fischer gelangten Arbeiten von Ernst Ludwig Kirchner, Erich

Heckel, Karl Schmidt-Rottluff, Emil Nolde, Otto Mueller, Oskar Kokoschka, Franz Marc, Pablo Picasso u.a. in die Sammlung des Städtischen Museums. „Auf diesem Wege wird Halle sich einen beachtlichen Anteil an der geistig-künstlerischen Entwicklung in Deutschland sichern." Weitere bedeutsame Werke gelangten ebenso nach Halle, insbesondere eine Folge städtischer Ansichten, die der Bauhausmeister Lyonel Feininger in den Jahren zwischen 1929 und 1931 im Auftrag des Museumsdirektors Alois Schardt schuf. Feininger wurde für seine Zeit in Halle ein Atelier im Torturm der Moritzburg zur Verfügung gestellt.

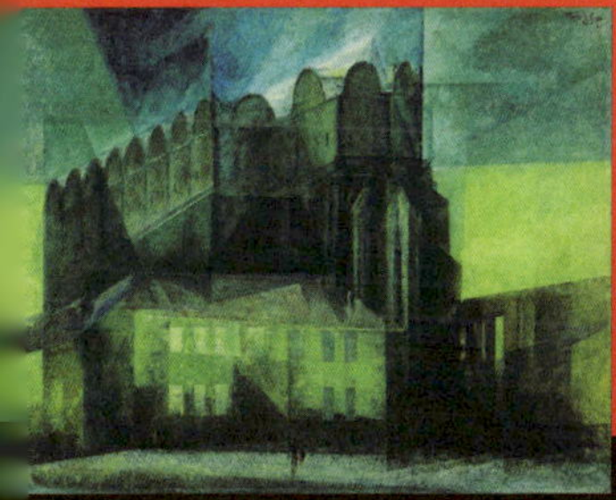

Mit einem Vertrag vom 20. Juni 1931 kaufte der Magistrat der Stadt Halle (Saale) dank einer Schenkung des Oberbürgermeisters Rive elf Gemälde und 28 Zeichnungen des Künstlers für 31.200 Reichsmark an.

Nach der Machtergreifung der Nationalsozialisten wurden neben Werken anderer auch die Arbeiten Feiningers als „entartet" diffamiert und in verschiedene Sammlungen zerstreut. Heute besitzt das hallesche Kunstmuseum wieder drei Gemälde sowie zahlreiche Zeichnungen und Fotografien.

FEININGER-RUNDGANG

Seit dem Jahr 2003 führt der durch die Freunde und Förderer des Kunstmuseums Moritzburg Halle (Saale) e.V. initiierte Feininger-Rundgang auf den Spuren des Künstlers durch die Stadt.
Lyonel Feininger schuf zwischen 1929 und 1931 elf Gemälde mit Motiven der Stadt Halle (Saale), denen dieser Rundgang gewidmet ist. So können an den Originalstandorten die Sichtachsen, wie sie Feininger einst festgehalten hat, nachvollzogen werden.
Heute befinden sind wieder drei der insgesamt elf Gemälde in Halle (Saale) und können im Kunstmuseum Moritzburg besichtigt werden.

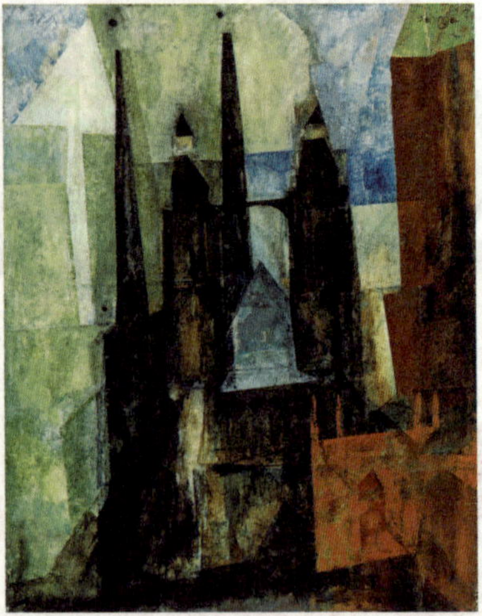

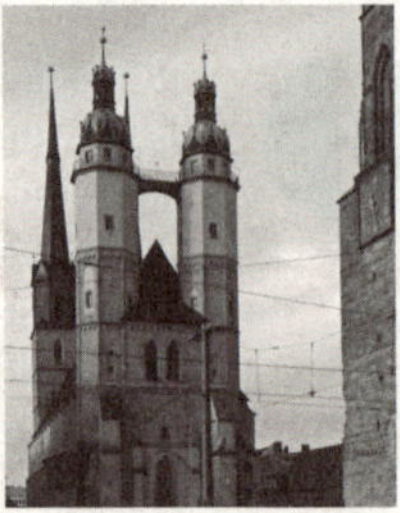

Ⓐ Marktkirche zur Abendstunde, 1930

Die Marktkirche, die zwei Kirchen in sich vereint, war für Feininger ein faszinierendes Motiv. Er malte sie vier Mal. Er verlegte seinen Standpunkt so weit in die Leipziger Straße hinein, dass nur noch ein schmaler Streifen und die südwestliche Ecke zu erkennen sind.

Ⓑ Marienkirche mit dem Pfeil, 1930

Die Marienkirche mit dem Pfeil ist das abstrakteste aller Halle-Bilder. Feininger wählte einen erhöhten Standpunkt, durch den weder der Marktplatz noch die Mauern der Kirche zu erkennen sind (siehe Abb.).

Ⓒ Am Trödel, 1929

Zu Feiningers Zeiten führte vom Markt aus eine winzige Straße zum Trödel. Im Mittelalter befanden sich hier stattliche Handelshäuser oder kleine Läden. Der Trödel existiert heute nicht mehr – er wich in den 1960er-Jahren Neubauten.

Ⓓ Die Türme über der Stadt, 1931

Das Gemälde zeigt erneut die Marktkirche. Eine Nähe zu Feiningers Meerbildern ist deutlich, und so gleicht die Marktkirche einem Schiff auf hoher See.

Ⓔ Marienkirche I, 1929

Feininger fielen schnell die Boden-Niveauunterschiede in Halle auf. Besonders beim Gang über die Treppe vom Hallmarkt zum Marktplatz wird dies deutlich.

F Marktkirche bei Nacht, 1931

Für dieses Gemälde benötigte Feininger drei Anläufe, obwohl der Standpunkt ähnlich ist wie bei Marktkirche I. Es ist von einem mystischen Licht durchströmt.

G Roter Turm I, 1930

Dieses Gemälde entstand aus einer ungewöhnlichen Perspektive heraus: Die Enge der Kreuzung dreier Straßen steigert sich in Dunkelheit, und die Häuser rücken zusammen. Hinter einer Kurve eröffnet sich jedoch der ungetrübte Blick auf den Roten Turm (siehe Abb.).

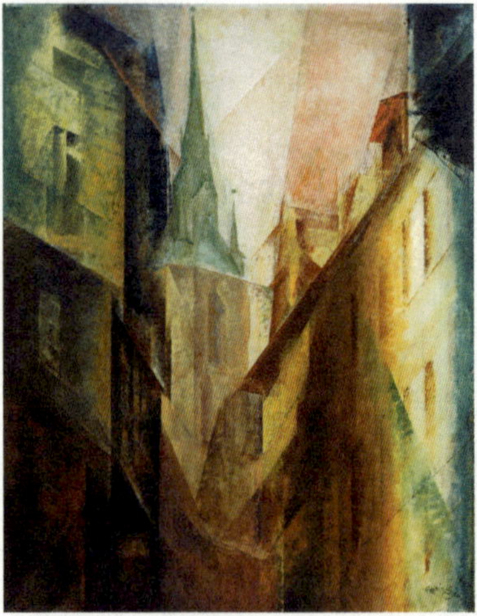

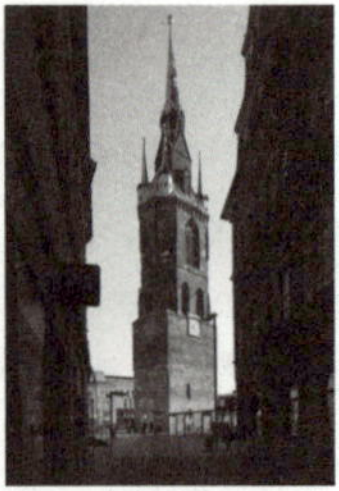

H Roter Turm II, 1930

Die enge Kreuzung dreier aufeinandertreffender Straßen hatte für Feininger eine besondere Dramatik. Dieses Gemälde gibt die Atmosphäre des Morgens wieder.

I Der Dom zu Halle, 1931

Auch an diesem Gemälde arbeitete Feininger mehrere Jahre. Von seinem Atelier in der Moritzburg aus konnte er den Dom betrachten und war immer wieder von seiner eigenwilligen Gestalt angetan.

J Der Ostchor des Domes in Halle, 1931

Bei dieser Darstellung des Doms versucht Feininger, den gotischen Gedanken des Bauwerks zu betonen. Helle, transparente Farben unterstützen dies.

K Bölbergasse, 1931

Feininger beginnt dieses als eines der letzten Bilder der Halle-Serie. Das Erlebnis der dynamischen Komposition ist bis heute nachvollziehbar. *Bölbergasse* ist ein Kriegsverlust.

Öffnungszeiten
Kunstmuseum Moritzburg:
Do–Di, 10–18 Uhr

VERWALTUNGSBAUTEN

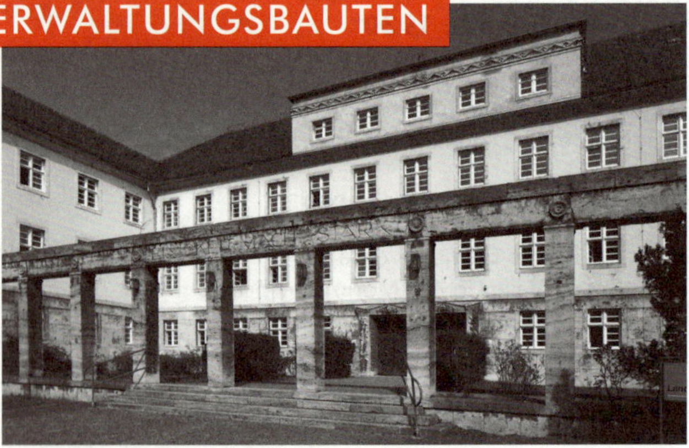

33 Ehemaliges Sozialamt

Maxim-Gorki-Straße 7
Erbaut: 1921–25, Architekt: Hermann Frede

Der repräsentative Verwaltungskomplex in der Maxim-Gorki-Straße 4 gehörte ursprünglich zur Landwirtschaftlichen Zentralgenossenschaft Halle (Saale) und bildete in der gestalterischen Anbindung an das gegenüberliegende, ebenfalls von Hermann Frede entworfene Bankgebäude Maxim-Gorki-Straße 13 eine Einheit von hohem städtebaulichen Reiz. Der dreigeschossige und dreiflügelige repräsentative Putzbau erhielt durch die Anlage eines Vorplatzes, der mit einer steinernen Pergola zur Straße als Ehrenhof abgeschlossen wurde, den Charakter einer qualitätsvollen Repräsentationsarchitektur. Die Pergola, das Erdgeschoss, die Einfriedungen und

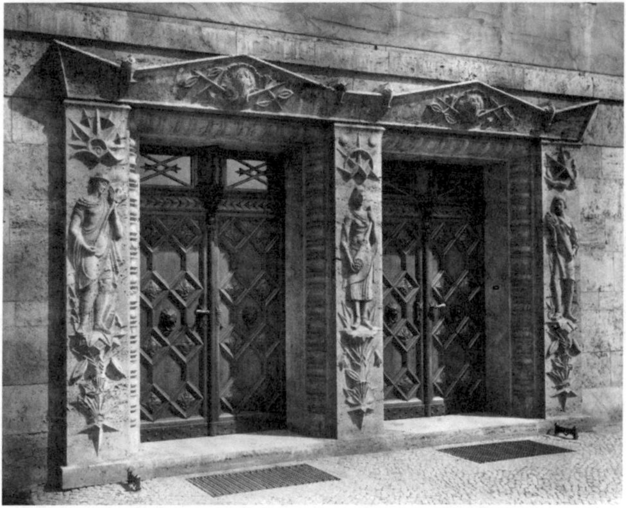

Fenstergewände sind aus Travertin errichtet. Der ursprünglich ockerfarbene Putz ist heute leider nicht mehr erhalten, anders als das reich mit Skulpturen und floralen Ornamenten versehene Portal. Dieses wird wie das großzügige Treppenhaus sowie die Innenräume und das Inventar durch Art-déco-Formen charakterisiert. Die schönen Portaldekore wurden vom Bildhauer Hannes Miehlich ausgeführt, der mit dem Architekten Hermann Frede auch an anderen Gebäuden der Stadt zusammenarbeitete.

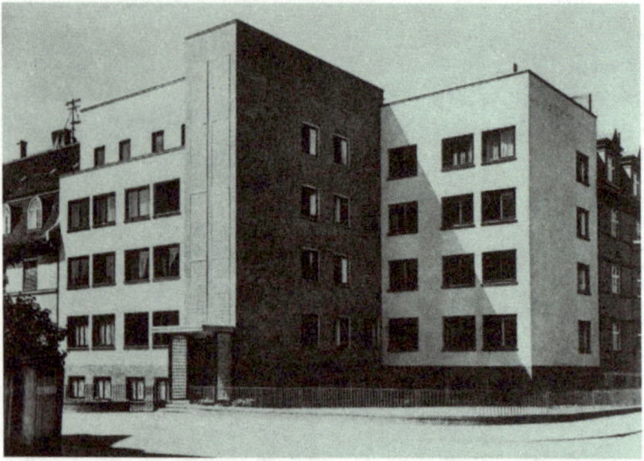

34 Verwaltungs- und Wohnhaus

Clara-Zetkin-Straße 15
Erbaut: 1927/1928, Architekt: Martin Knauthe

Dieser Verwaltungs- und Wohnbau in der Clara-Zetkin-Straße 15 zählt zu den qualitätsvollsten Beispielen des Neuen Bauens in Halle. Als ehemalige Geschäftsstelle des Verbandes der Krankenkassen Sachsen-Anhalt vom Architekten Martin Knauthe errichtet, kommen hier die wichtigsten Grundgedanken der Moderne im Sinne Walter Gropius', etwa die Umsetzung eines flachen Daches und einer sachlich-schlichten Fassadengestaltung, zum Ausdruck. Der aus drei Kuben asymmetrisch arrangierte Baukörper bildet ebenso durch die Gegensätze zwischen horizontaler und vertikaler Betonung sowie zwischen heller und dunkler Fassadengestaltung einen bewussten Kontrast zur nachbarschaftlichen, überwiegend aus dem 19. und frühen 20. Jahrhundert stammenden Wohnbebauung.

35 Ratshof

Marktplatz 1
Erbaut: 1928–30, Architekten: Wilhelm Jost, Philipp Löhr, Walter Nell und Theo Swillens

Der Ratshof in Halle (Saale) befand sich ursprünglich nicht direkt am Marktplatz, sondern auf der Rückseite des alten Rathauses. Der fünf- bis siebengeschossige, kubische Bau wurde 1929 unter Leitung des Stadtbaurates Wilhelm Jost errichtet, um die über das Stadtgebiet verteilten Dienststellen zu

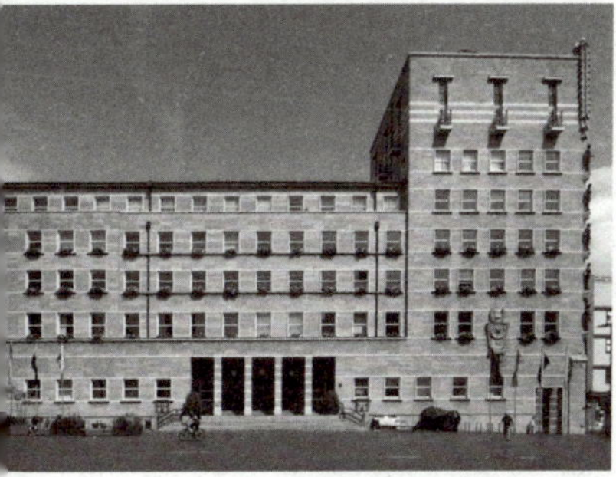

zentralisieren. Er gehörte gemeinsam mit dem Rathaus, dem Waagegebäude und dem Stadthaus zur kommunalen Verwaltung der Stadt und war zentral an der Ostseite des Marktplatzes gelegen. Seit der schweren Zerstörung des Rathauses und der Ratswaage kurz vor Ende des Zweiten Weltkrieges und nach Abriss des Rathauses 1948 besticht der Ratshof, der aus der zweiten Reihe nach vorne trat, heute platzbildprägend bereits von Weitem durch seine Werksteinverblendung in nüchtern-monumentalen Formen mit Stilelementen des Neuen Bauens, des Expressionismus und des Neoklassizismus.

Die ersten Entwürfe für den Neubau des Ratshofes entstanden bereits 1927, weitere Ausarbeitungen

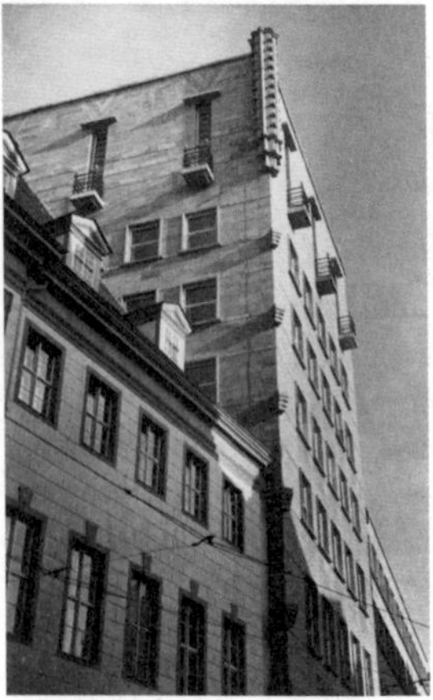

erfolgten durch den Stadtbaurat Jost und Philipp Löhr. Die Planzeichnungen hatten Walter Nell und Theo Swillens ausgeführt.
Im Herbst 1930 wurde der moderne Stahlbetonskelettbau mit Ziegelausfachung, Verputzung und einer farblich unterschiedlichen Verkleidung aus fränkischem Muschelkalk- und Cannstädter Travertinplatten endgültig vollendet. Um die Reihen und Fensterachsen nicht allzu uniform und gleichförmig erscheinen zu lassen, wählten die Architekten zur Auflockerung des mächtigen Baukörpers verschiedene Gestaltungselemente. Im Erdgeschoss öffnet die Fassade eine von Pfeilern getragene Eingangsvorhalle, die Wandflächen der einzelnen Geschosse zeigen Vor- und Rücksprünge, das Obergeschoss ist durch eine Attika zurückgesetzt.
Im Inneren kennzeichnet den Bau ein 26 × 20 Meter allseitig umbauter gläserner Lichthof, der ursprünglich die Schalterhalle der Mitteldeutschen Landesbank beherbergte. Heute befindet sich an dieser Stelle das Einwohnermeldeamt, dessen Zugang, wie damals auch zur Bank, über eine Pfeilerhalle von der Leipziger Straße aus möglich ist. Eindrucksvoll, jedoch heute leider nicht mehr in Betrieb, ist der aus zwölf Kabinen bestehende Paternoster, ein Personenumlaufaufzug, der Publikumsverkehr im Hause ermöglichte.
An der Ausgestaltung des Ratshofes waren in erheblichem Umfang die Werkstätten der Kunstgewerbeschule Burg Giebichenstein beteiligt. Der Leiter der Malklasse Erwin Hahs schuf beispielsweise 1930 ein 10 × 5 Meter großes Wandbild für den Sitzungsaal der

Landesbank, das leider heute nicht mehr existiert.

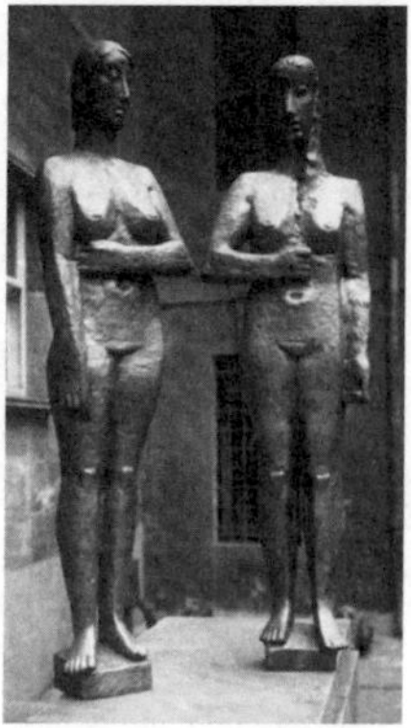

An der Südostecke fungiert noch heute ein quadratischer Eckturm mit Pyramidenhelm als Point de Vue zur Leipziger Straße, der zusätzlich mit fünf überlebensgroßen Standfiguren zwischen 2,20 und 2,75 Metern Höhe die südwestliche Turmkante als Blickfang bestimmt. Die Figuren entstanden nach Entwürfen und Modellen des Bildhauers, Metalleurs und Hochschullehrers Gustav Weidanz von der Kunstgewerbeschule Burg Giebichenstein. Weidanz gewann 1927 den für die Plastiken ausgeschriebenen Wettbewerb der Stadt und schuf für den Ratshof fünf in Bronze gegossene Aktfiguren, drei männliche und zwei weibliche, die die Industrie, die Stadt am Fluss, den Handel, die Stadt in schöner Landschaft und den Bergbau durch dezente Attribute wie Hammer, Merkurstab und Picke versinnbildlichen. Er überzeugte die Jury mit seinen Figuren, die – frei von historisierenden narrativen Details – nur durch Körpersprache Botschaften vermitteln. Im März 1930 wurden sie an den vorgesehenen Plätzen aufgestellt. Obwohl Gustav Weidanz nicht zu den verfemten Künstlern des Naziregimes zählte, wurden seine Figuren 1940 als „Metallspende" zu Ehren des Führers abgebaut und eingeschmolzen.

In der Zeit von 1976 bis 1979 erhielt der Bildhauer Johannes Baumgärtner den Auftrag, die Bronzeplastiken nach historischen Fotos zu rekonstruieren. Die Kopien wurden 1983 aufgestellt und akzentuieren heute wieder durch ihre Wirkung den Übergang vom Markt zur Leipziger Straße.

36 Ehemaliges Arbeits- und Betriebsamt

Am Steintor 14/15
Erbaut: 1929/30, Architekten: Wilhelm Jost und Albrecht Langenbach

Mit dem Arbeits- und Betriebsamt zeigte sich der Stadtarchitekt Wilhelm Jost im Jahr 1929 aufgeschlossen gegenüber dem Neuen Bauen. Unter dem Eindruck des im gleichen Jahr nach Walter Gro-

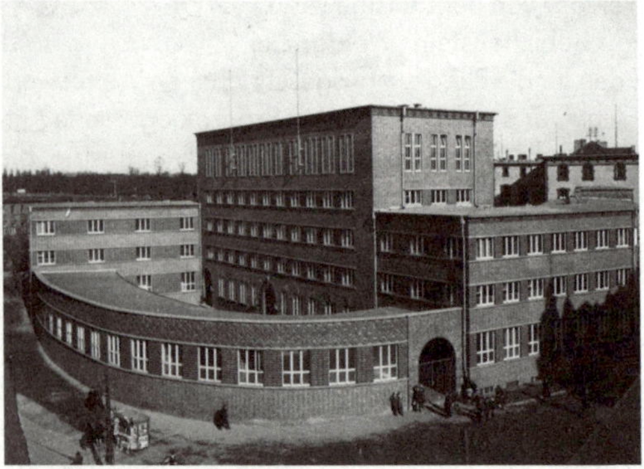

pius' Plänen entstandenen Arbeitsamtes in Dessau ließ Jost einen Gebäudekomplex errichten, der aus einem fünfgeschossigen Hauptgebäude bestand, dessen drei asymmetrische, zweigeschossige Seitenflügel gemeinsam mit einem eingeschossigen, viertelkreisförmigen Trakt bis heute einen Innenhof umschließen. Im Hauptgebäude befanden sich ein großer Sitzungssaal, ein Konferenzzimmer, ein

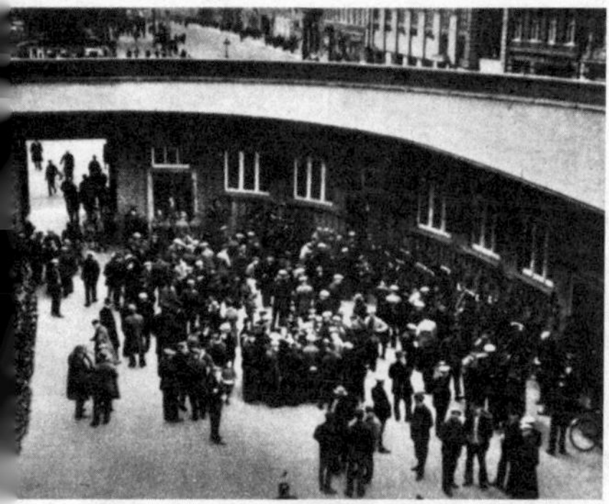

Büchermagazin und die Zeitschriftensammlung. Die Ein- und Ausgänge wurden zweckmäßig angeordnet, Warte- und Beratungszimmer lagen im Innenhofbereich. In der Manier der expressionistischen Backsteinbaukunst wirkt der Komplex durch sein ornamental strukturiertes Mauerwerk

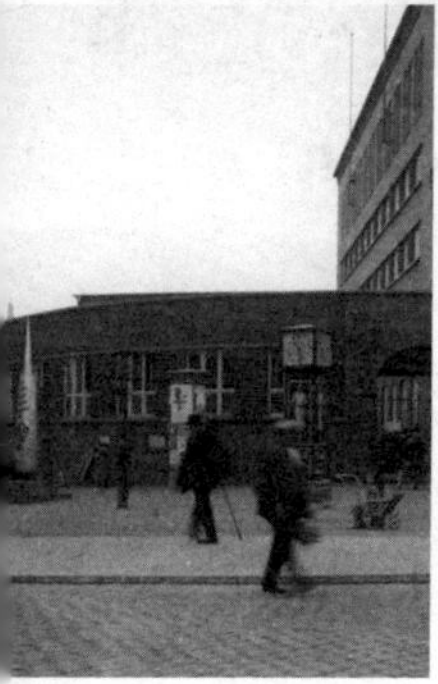

platzbildbeherrschend und als Point de Vue bedeutsam für den Stadtraum zur Ludwig-Wucherer-Straße wie gleichermaßen abschirmend gegenüber der belebten Innenstadtkreuzung.

Durch die Klinkerbauweise erhält das Arbeits- und Betriebsamt einen industriellen Charakter und entspricht zudem durch eine sachlich-strenge Baumassenverteilung dem Geist der damaligen Zeit. Heute befinden sich eine Seniorenresidenz und Büroräume in dem Gebäude.

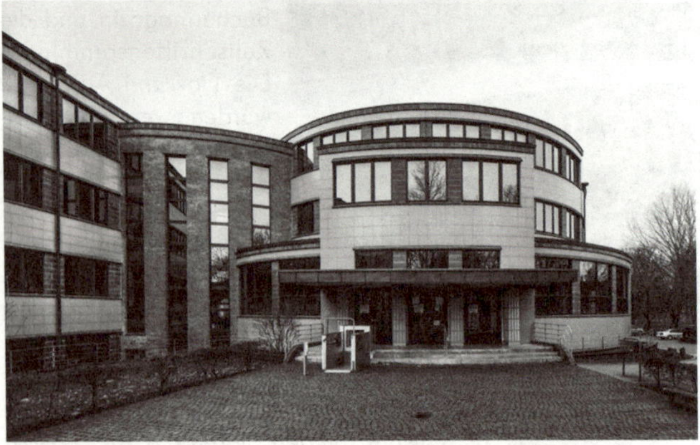

37 Allgemeine Ortskrankenkasse AOK

Robert-Franz-Ring 14
Erbaut: 1929–31, Architekt: Martin Knauthe

Das AOK-Gebäude in Halle (Saale) zählt zu den architekturgeschichtlich bedeutsamen und überregional weithin bekannten Beispielen einer progressiv orientierten Architektur des Neuen Bauens. Es befindet sich unterhalb der Moritzburg: am Ende des Robert-Franz-Rings, ganz in der Nähe der Saale. Im Jahr 1929 konzipierte der Architekt Martin Knauthe für die Allgemeine Ortskrankenkasse diesen dreigeschossigen, flach gedeckten Stahlbetonskelettbau, der sich über einem parabelförmigen Grundriss erhebt. Der Südflügel des Gebäudes tritt bugartig in den Straßenraum hervor. Ursprünglich waren hier Räume für Diagnostik, Röntgen und den zahnärztlichen Dienst eingerichtet. Der sich anschließende Verwaltungsbau, dessen Erdgeschoss eine großzügige Kassenhalle beherbergt, erscheint deutlich zurückgesetzt

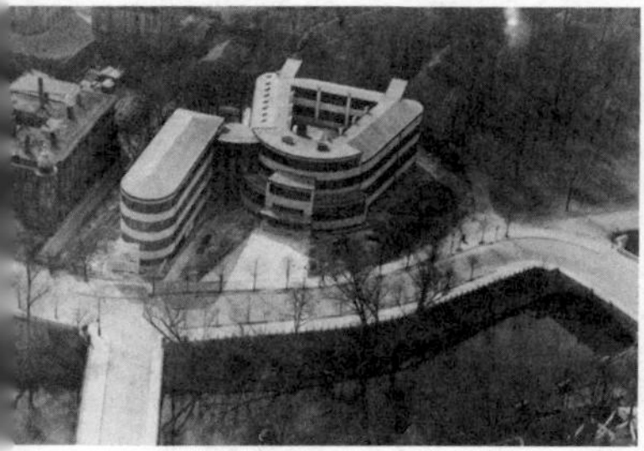 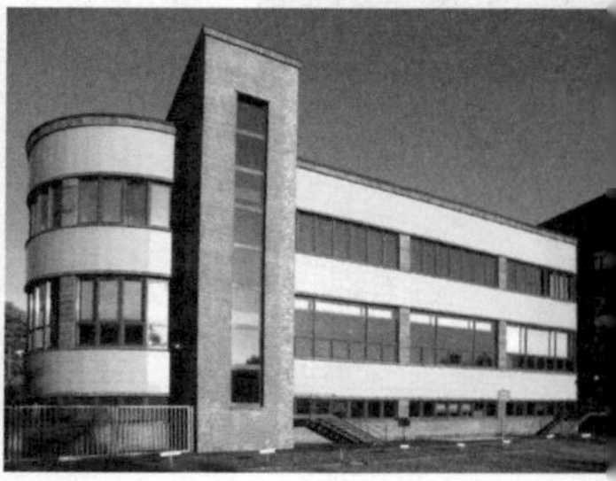

und lässt Raum für einen repräsentativen Vorplatz. Beide Gebäudeteile verbindet ein Treppenhaus. Die vertikalen Klinkerbahnen stehen gemeinsam mit den umlaufenden Fensterbändern in lebhaftem Kontrast zu den horizontalen Brüstungsbändern, die ursprünglich mit metallisch schimmernden Opakglasplatten besetzt waren. Die hufeisenförmig gestaltete gläserne Decke verleiht der Kassenhalle eine lichtdurchflutete sowie einprägsame Silhouette. Den Eindruck maximaler Beleuchtung erreichte der Architekt zudem durch ein Luxfer-Prismenraster aus Glasbausteinen im Boden, wodurch zudem der Keller beleuchtet wurde. Einen einzigartigen Ausblick bietet das Gebäude auf der Rückseite auf die Flusslandschaft der Saale.
Der Architekt Martin Knauthe schuf mit dem AOK-Gebäude eine der wohl wichtigsten modernen halleschen Architekturleistungen, das dank einer aufwendigen Sanierung im Jahr 2005 heute nahezu das Erscheinungsbild der Entstehungszeit wiedergibt.

KIRCHEN

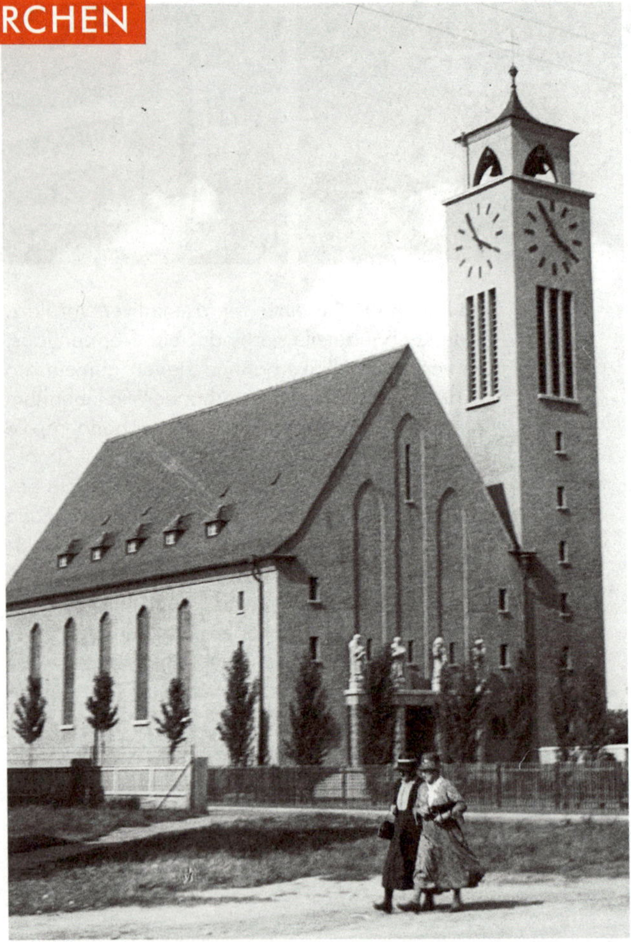

38 Lutherkirche

Damaschkestraße 100a
Erbaut: 1929, Architekt: Raimund Ostermaier

Die Lutherkirche ist ein evangelischer Sakralbau mit gotisierenden und expressionistischen Stilelementen im Süden der Stadt. Der großräumige Saalbau folgt in seiner Architektur eher dem traditionellen Bauen der 1920er-Jahre, spielt aber in seiner städtebaulichen Wirkung durch einen gemeinsam mit dem Pfarrhaus distanzschaffenden Vorplatz eine wichtige Rolle. Ein hoher Glockenturm befindet sich im Zwickel zwischen Kirchenschiff und Pfarrhaus und wird von einer offenen, quadratischen Laterne abgeschlossen. Das Gotteshaus kennzeichnet weiterhin ein stark eingezogener rechteckiger Chor, den innen ein von Betonbindern getragenes, spitzbogiges Tonnengewölbe abschließt. Dieses verleiht dem Bau die gewünschte sakrale Anmutung. Im Altarraum befindet sich noch heute ein von Wilhelm Groß gefertigter qualitätvoller Monumentalkruzifixus. Der Bildhauer schuf ebenso eine Lutherbüste für die Vorhalle und Evangelistenstatuen an der Kirchenfassade, die heute nicht mehr vorhanden sind.

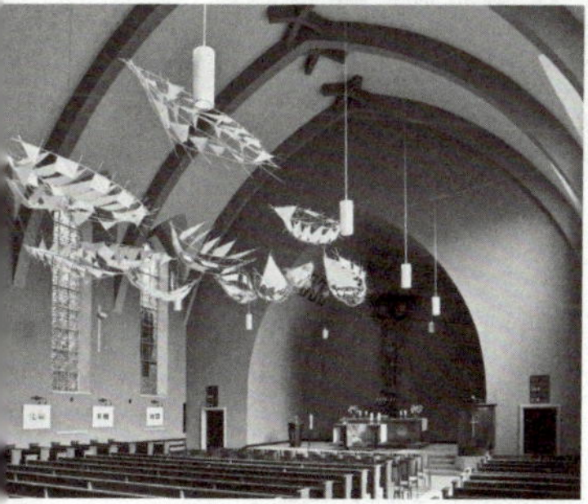

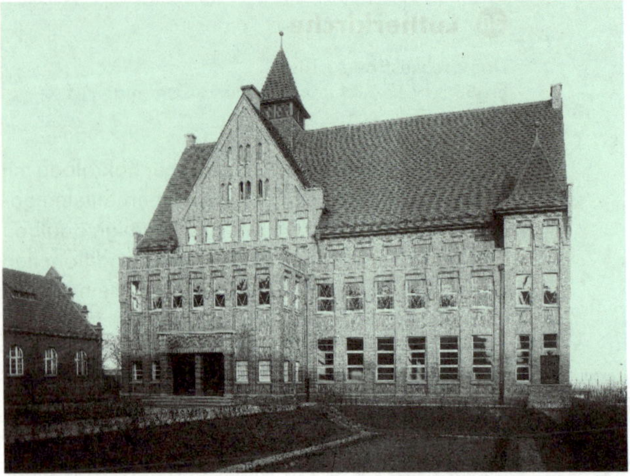

39 Christuskirche

Freiimfelder Straße 89/90
Erbaut: 1926/27, Architekt: Georg Roediger

Die Christuskirche wurde als ursprünglich dreischiffiger Saalbau im Osten der Stadt Halle (Saale), im damaligen Arbeiterviertel in der Freiimfelder Straße, errichtet. Kennzeichnend für den expressionistischen, turmlosen Klinkerbau ist seine zurückgezogene Fluchtlinie zur Straße. Nur das Pfarrhaus markiert den Standort der Kirche. Das polyfunktionale Gebäudeensemble basiert auf einem längsrechteckigen Grundriss und vereint außer dem eigentlichen Kirchenraum auch Gemeinderäume verschiedenster Funktionen, in Sonderheit einen kirchlichen Kin-

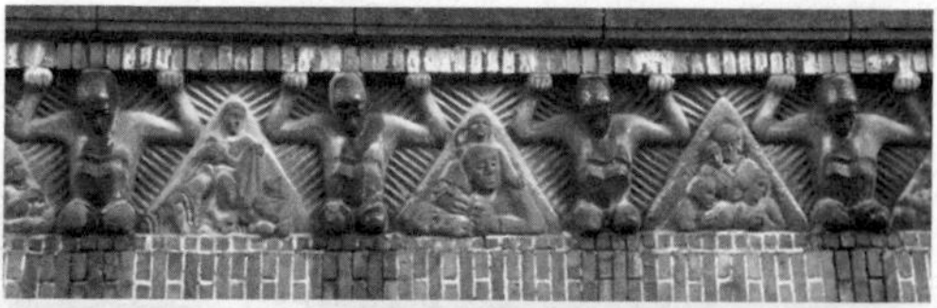

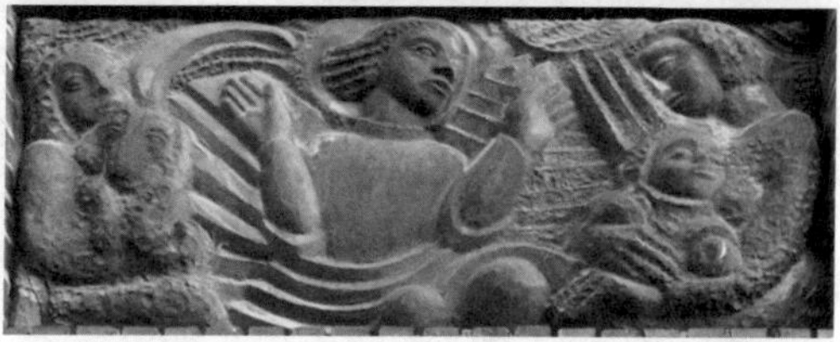

dergarten. Außen ist der Bau mit steilen Giebeln, Vierungstürmchen und einer auffallend reichen Vertikalgliederung markant geprägt. Vor allem der Dachreiter auf der Vierung weist auf die sakrale Funktion des Hauses hin. Im Inneren charakterisiert den schlichten Kirchsaal und den von ihm durch eine Falttür trennbaren Gemeindesaal im Oberschoss eine Holztonne. Altar und Orgel sind südlich der Stirnwand übereinander angeordnet. Besonders erwähnenswert ist das nahezu vollständig erhaltene, expressionistische Inventar. Der Reliefschmuck an der Außenfassade stammt von dem halleschen Bildhauer Paul Horn.

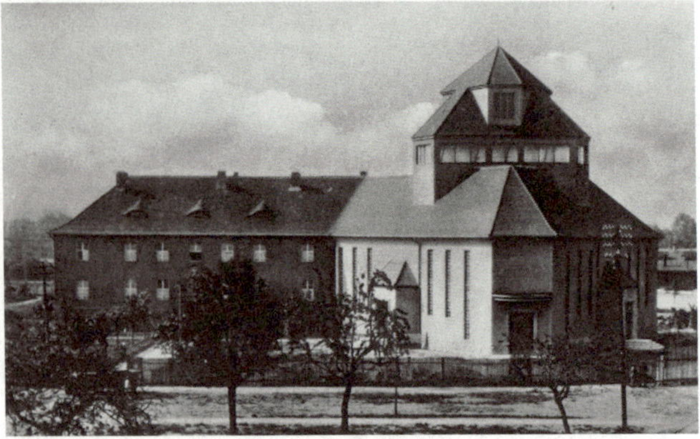

40 Katholische Pfarrkirche Zur Heiligsten Dreieinigkeit

Lauchstädter Straße 14b
Erbaut: 1929/30, Architekt: Wilhelm Ulrich

Die katholische Pfarrkirche Zur Heiligsten Dreieinigkeit befindet sich im Süden von Halle (Saale) unweit des Lutherplatzes und erregte zur Zeit ihres Baus 1929/30 großes Aufsehen. Auf dem großzügigen Eckgrundstück war bereits 1923/24 ein Franziskanerkloster nach Planungen des Architekten Clemens Lohmer entstanden. Als zweiter Abschnitt wurde 1929/30 die Pfarrkirche nach Plänen des Architekten Wilhelm Ulrich angebaut, der mit dem Bau dieser Kirche mit allen Traditionen des Kirchenbaus brach und eines der Hauptwerke moderner Architektur im mitteldeutschen Raum schuf.

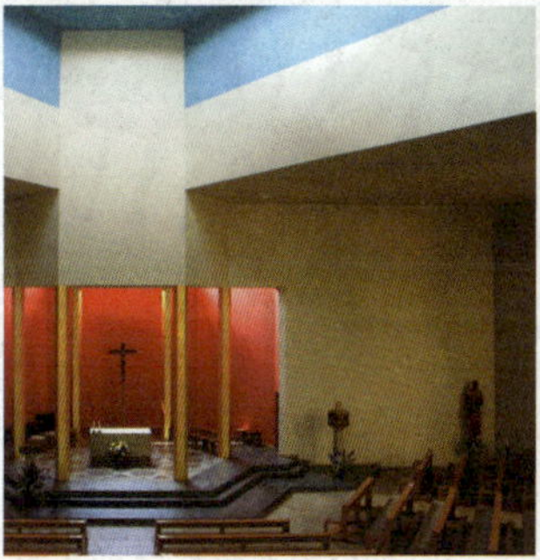

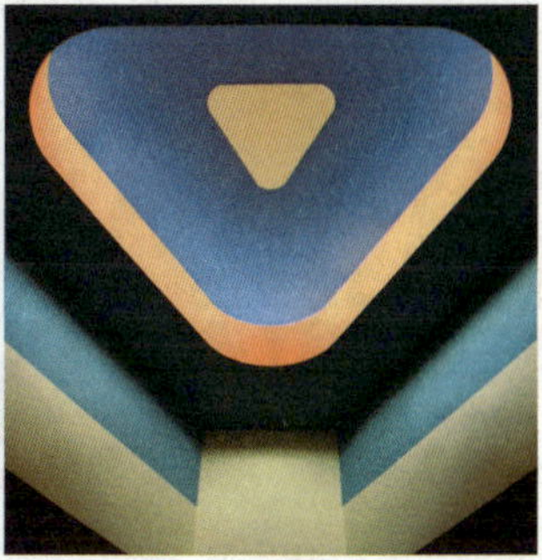

Der Grundriss der Kirche ist sechseckig (hexagonal) angelegt. Er entspricht aber eher einem großen gleichschenkligen Dreieck, dessen Ecken gekappt wurden, und verweist somit sinnbildlich auf die Heilige Dreifaltigkeit Gottvater – Sohn – Heiliger Geist. Kleinere Waben an der Fassade fungieren als Windfänge. Das mit einem Dachreiter bekrönte Glockenhaus betont die zentralisierte Bauform zusätzlich und verleiht der äußeren Wirkung der Kirche ohne Turm dennoch eine beachtliche Höhe. Der Altarraum gleicht einer Raumwabe und wird durch sechs schlanke Stützen überhöht. Die Wirkung des Innenraumes wird durch eine hochtheatralische Lichtführung im Sinne experimenteller Raumkunst noch zusätzlich betont, was den Bau als einen architektonisch einzigartigen, originellen Sakralbau charakterisiert. Wilhelm Ulrich gelang mit diesem Stahlbetonbau eine Synthese expressionistischer und sachlicher Raumgestaltung. Er behauptet sich in seiner städtischen Situierung in unmittelbarer Nachbarschaft zum Wasserturm Süd, der die Kirche um das Doppelte überragt, dennoch bemerkenswert.

BEWEGUNG, TANZ UND SPORT

Wie am Bauhaus wurden auch an der Kunstgewerbeschule Burg Giebichenstein in Halle (Saale) seit 1922 Feste gefeiert. Das erste Schulfest fand als Kostümfest statt, wie der Bildhauer Gustav Weidanz auf einer Postkarte an seinen Bruder berichtete. Nach der Auflösung des Bauhauses in Weimar zog es einen Teil der Lehrenden und Lernenden nicht nach Dessau, sondern auch nach Halle (Saale) an die Burg Giebichenstein, beispielsweise den Bildhauer und Grafiker Gerhard Marcks. Dieser wurde zunächst Leiter der Werkstatt für Plastik und 1928 zum Direktor der Burg berufen. Er bekleidete dieses Amt bis zu seiner Entlassung 1933. Mit ihm kamen Marguerite Friedlaender-Wildenhain und Benita Koch-Otte. Ein wenig später folgten u. a. auch Erich Consemüller, Hans Wittwer und Heinrich Koch.

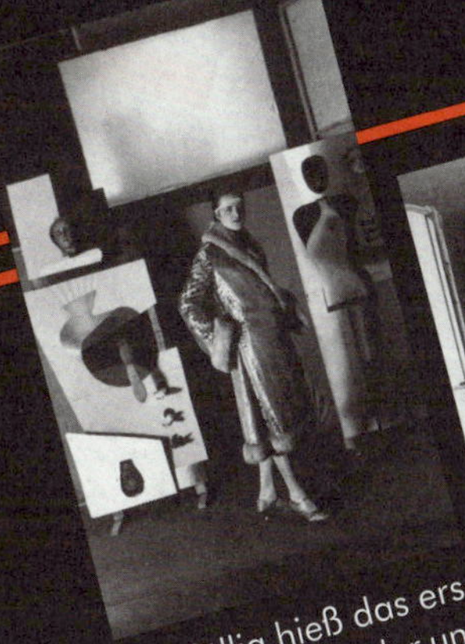

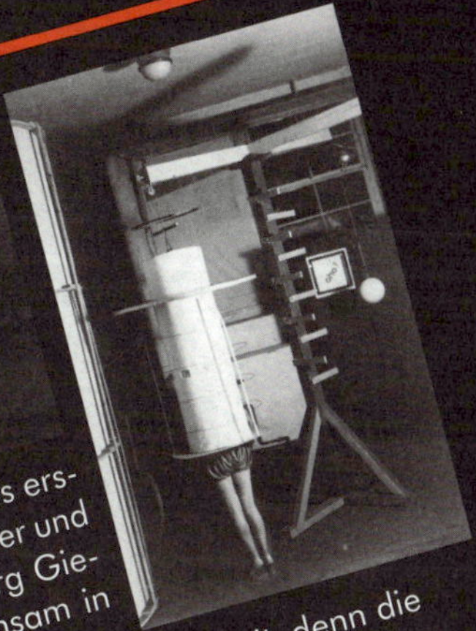

Nicht zufällig hieß das erste Fest, das Bauhäusler und Studierende der Burg Giebichenstein gemeinsam in Halle am 4. und 5. Dezember 1925 feierten, Neue Sachlichkeit, denn die Neuen vom Bauhaus brachten ihre sachliche Programmatik mit an die Burg. Walter Gropius und László Moholy-Nagy reisten aus Dessau mit einer größeren Schülerschar nach Halle, um gemeinsam mit den Protagonisten der Burg eine Antibürgerlichkeit zu demonstrieren. Bereits die Gestaltung der Einladungskarte signalisierte in Form und Schreibweise den neuen Geist.

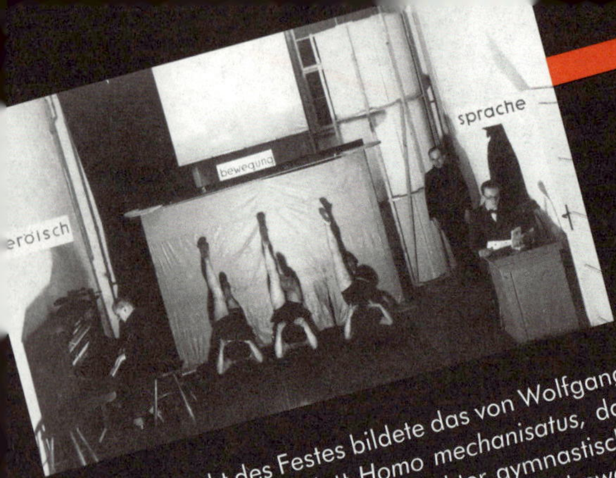

Den Höhepunkt des Festes bildete das von Wolfgang Tümpel inszenierte Ballett *Homo mechanisatus*, das zu Musik und Wort in Revuecharakter gymnastische Vorführungen darbot sowie einen Tanzwettbewerb und eine Modenschau beinhaltete. Tümpel war zuvor Schüler in der Metallklasse am Bauhaus gewesen und besuchte zu der damaligen Zeit die Metallklasse der Burg. Die Darsteller des Balletts waren alles Schülerinnen und Schüler der Burg. *Homo mechanisatus* sollte eine parodistische, aber auch kritische Replik auf Oskar Schlemmers Werk *Das Triadische Ballett* sein. Die Choreografie und wichtige formale Stilmittel glichen Elementen des Vorbildes des Bauhauses, jedoch war die Bühne im Gegensatz dreigeteilt in „geräusch", „bewegung" und „sprache" (siehe Abbildung). Die Burgfeste der folgenden Jahre waren deutlich von dem so einzigartigen Fest Neue Sachlichkeit nachhaltig geprägt. Die Röhre am 26. und 27. Februar 1926 lud alle Gäste ein, das Fest durch eine Röhre zu betreten (siehe Abbildung). Ein weiteres Fest folgte bereits im Juni, und im Februar fand unter der Initiative der Malklasse von Erwin Hahs ein Fest mit Kostüm und Schminke statt. Im März 1929 hieß es *Keep smiling* in den Ateliers der Burg. Bis 1933 folgten jährlich zahlreiche weitere Feste, wobei das Sommerfest Rosamunde im Juni 1931 bereits unter den Maßgaben der Nationalsozialisten stand und seit dieser Zeit nicht mehr so unbeschwert wie zuvor gefeiert werden konnte.

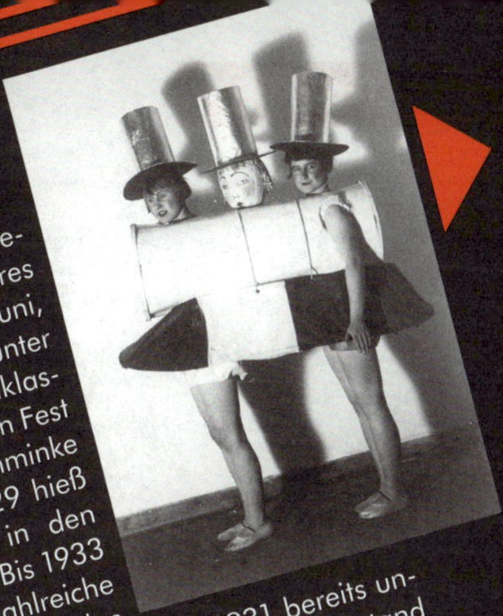

Die Burg und das Bauhaus spielten für die moderne Kunst eine entscheidende Rolle, denn sie kämpften beide für die Befreiung von Kunst und Kunstausbildung aus ihren akademischen Zwängen. Dies gelang beiden Schulen nicht nur über die Vermittlung bildender und angewandter Kunst in all ihren Facetten, sondern auch durch die Lehre in Bewegung, Tanz, Theater, Musik, Raum, Form und Literatur.

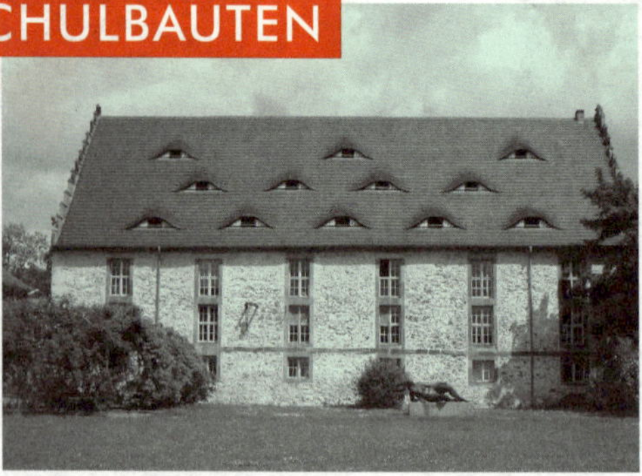

41 Burg Giebichenstein

Seebener Straße 1
Erbaut: 961, spätes 12. Jhd., frühes 13. Jhd., 15. Jhd., 18. Jhd., 1919–21, Architekten: Anonym, Wilhelm Jost

Die *Städtische Kunstgewerbeschule Burg Giebichenstein,* heute *Kunsthochschule Burg Giebichenstein Halle*, bezog im Sommer 1921 erste Werkstatträume in der sogenannten Unterburg der historischen Burg Giebichenstein. Die Stadt Halle (Saale) hatte die Unterburg im Jahr 1918 für eine Summe von 320.000 Mark für die Schule erworben und ließ sie nach Plänen des Stadtbaurates Wilhelm Jost und des Direktors der Schule Paul Thiersch sukzessive umbauen. Thiersch zufolge sollte sich die Bedeutung der Schule auch in ihrer äußeren Gestalt ausdrücken. Die *Handwerkerschule* der Stadt Halle (Saale) war 1915 aus der Vereinigung der *Provinzial-Gewerbeschule* mit der *Gewerblichen Zeichenschule* der Stadt hervorgegangen und wurde von Paul Thiersch im Sinne der Ideen des Deutschen Werkbundes und dessen Kunstgewerbeschulreform zu einer modernen, an der Praxis orientierten Kunst-

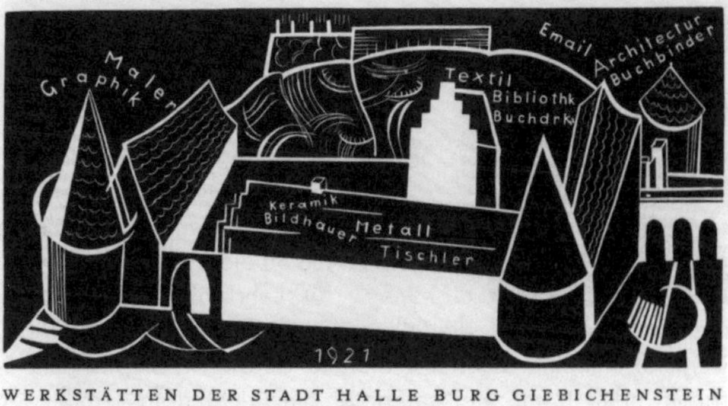

Druck des Bleischnittes, entworfen von Erwin Hahs 1921, schematische Darstellung der einzelnen Werkstätten

gewerbeschule ausgebaut. In den Jahren 1915 bis 1928 unter Thiersch und nach dessen Ausscheiden bis 1933 unter Gerhard Marcks wirkte die Schule in befruchtender Konkurrenz zum Bauhaus in Dessau und zählt noch heute zu den namhaften Kunstschulen Deutschlands.

Der gestiegene Raumbedarf der Schule resultierte zu Beginn der 1920er-Jahre nicht zuletzt aus der zunehmenden Spezialisierung des Lehrplanes. Neben Malerei und Metallbearbeitung wurden die Studierenden bald auch in Typografie und Bühnenausstattung, Architektur und Keramik, Fotografie und Werbung unterrichtet. Unter der Leitung des Stadtbaurates Jost kam es zuerst zu Restaurierungsarbeiten am Herrenhaus, das aus dem Jahr 1706 stammte. Für den Einzug der Emailwerkstatt, der Architekturklasse und des Direktorenzimmers waren

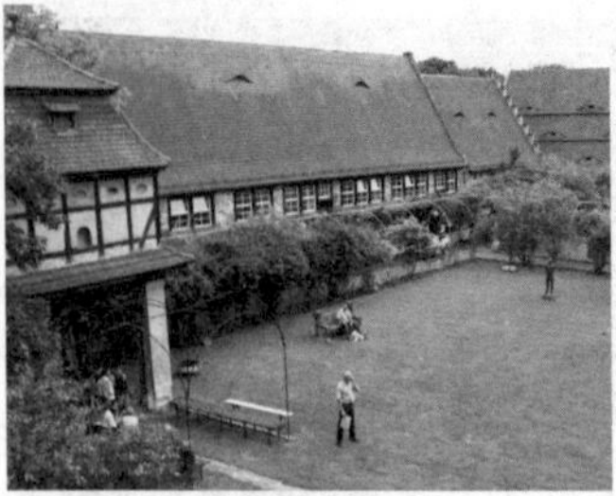

nur wenige Veränderungen erforderlich. Im Südflügel, der aus dem 16. Jahrhundert stammt, wurden in größerem Aufwand Fenster zur Hofseite in das Bruchsteinmauerwerk eingesetzt, um Arbeitssäle für die Studierenden, ein Zimmer für Lehrkräfte, Lagerräume, die Tischlerwerkstatt, die Silberschmiede- und Kunstschmiedewerkstatt mit einer Gießerei, die Bildhauerwerkstatt und die Keramikwerkstatt mit zwei Brennöfen einzurichten. In demjenigen Gebäudebereich, in dem sich die ehemalige Margaretenkapelle befand, die um 1500 zum Brauhaus umfunktioniert worden war, befand sich ein großer Saal, der für die Ausbildung in Malerei und Grafik genutzt wurde.

In das dreigeschossige Kornhaus im östlichen Bereichs des Burghofes, das aus der Zeit um 1475 stammt, wurden auf der Westseite hohe, über drei Geschosse axial angelegte Atelierfenster eingebaut. Zum einen beleuchteten diese damals sowie noch heute die Innenräume maximal, zum anderen griffen die lang gestreckten Fensteröffnungen optisch sehr ausgewogen in die Fassade des Kornhauses ein. In Letzterem wurden die Druckwerkstatt, die Textilwerkstatt, ein gesonderter Raum für Stoff- und Tapetendruck, ein Zeichensaal sowie die Bibliothek eingerichtet. Die baulichen Veränderungen an der Unterburg zeugen von einer beachtlichen Leistung. Alljährlich bietet die Kunsthochschule im Rahmen einer Jahresausstellung im Sommer Interessierten die Möglichkeit, Einblick in die noch heute genutzten Atelier- und Arbeitsräume in der Unterburg zu nehmen.

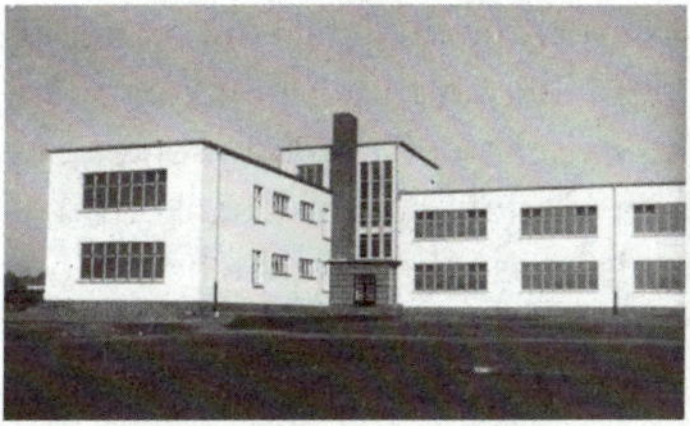 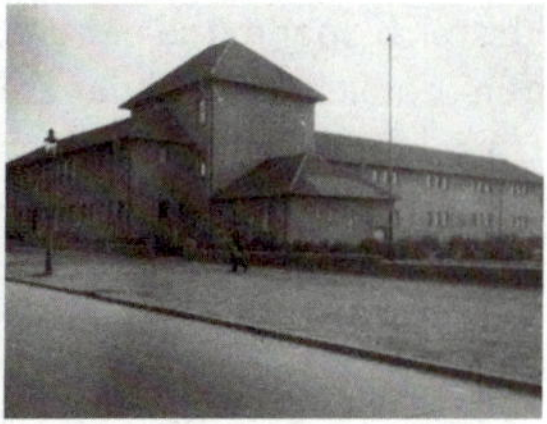

42 Diesterwegschule und Reichwein-Gymnasium

Diesterwegstraße 37/38
Erbaut: 1929/30 und 1938/39, Architekten: Wolfgang Bornemann und Wilhelm Jost

Das Ensemble der Diesterweg- und Reichweinschule befindet sich im Süden von Halle: in der Gartenvorstadt *Am Gesundbrunnen*. Der Gebäudekomplex ist ein eindrucksvolles Beispiel und veranschaulicht, inwieweit sich die Wandlungen der Formensprache, die sich politischen Veränderungen verdankten, in einem Abstand von knapp zehn Jahren antithetisch auf die Architektur ausgewirkt haben. Der erste Bauabschnitt des Schulkomplexes stammt aus der Zeit der Weimarer Republik und ist durch einen zweigeschossigen, flach gedeckten Putzbau gekennzeichnet, der in einem L-förmigen Grundriss asymmetrisch angeordnet ist und dem Stil des Neuen Bauens folgt. Die Diesterwegschule war die erste Volksschule, die in Halle nach dem Ersten Weltkrieg errichtet wurde. Der Architekt Wolfgang Bornemann charakterisierte das Gebäude durch großzügige und helle Innenräume. Er schuf für die damalige Zeit einen fortschrittlichen, modernen Schulbau.
Der gegenüberliegende zweite Bauabschnitt, das Reichwein-Gymnasium, zeichnet sich durch gleichermaßen großzügige Maße aus,

lässt sich aber mit seiner eher konservativen Architektur eindeutig dem baulichen Ideal der Zeit des Nationalsozialismus zuordnen. Ein sehr markanter Unterschied zwischen beiden Bauwerken findet sich in der unterschiedlichen Gestaltung der Dachkonstruktionen. Ein in moderner Bauweise ausgeführtes Flachdach aus den 1920er-Jahren steht einem eher konservativen Walmdach aus den 1930er-Jahren gegenüber. Die Dächer beider Schulgebäude widersprechen einander in der Materialwahl, ebenso wie die Klinker- den Natursteinsockeln und der Glatt- dem rustikalen Rauputz, den Wilhelm Jost für das Reichwein-Gymnasium wählte.

An beide Gebäudekomplexe wurden in den darauffolgenden Jahrzehnten zusätzliche Klassenräume (Diesterwegschule) und eine Turnhalle (Reichwein-Gymnasium) angebaut.

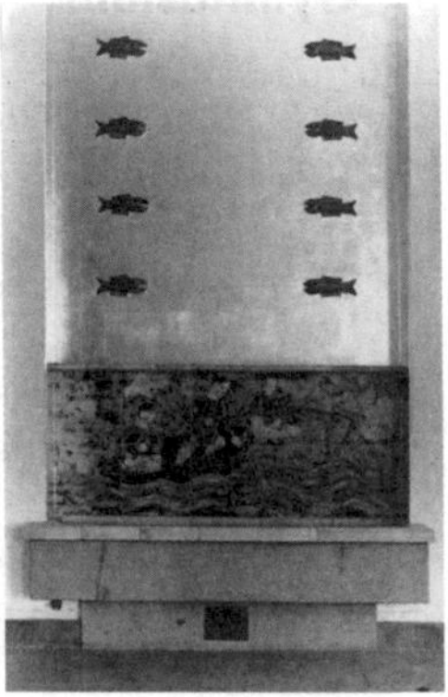

Richard Horn, Trinkbrunnen

Nach der politischen Wende 1989 wurden an der Diesterwegschule umfangreiche denkmalpflegerische Sanierungsarbeiten vorgenommen. Erwähnenswert sind die sich im Inneren des Gebäudes im Erd- und Obergeschoss befindenden Trinkbrunnen an der Nordwand. Im Interesse der Hygiene damals für den Bau vorgesehen, wurde der hallesche Bildhauer Richard Horn mit der Gestaltung beider Trinkbrunnen beauftragt. Die Rückwände der Brunnen wurden mit keramischen Plastiken ausgestattet, die im Erdgeschoss im unteren Wandbereich Kinderszenen mit Fischen und im Obergeschoss Kinderszenen mit Vögeln visualisieren. Diese künstlerischen Arbeiten bilden noch heute einen gestalterischen Abschluss der langen Korridore.

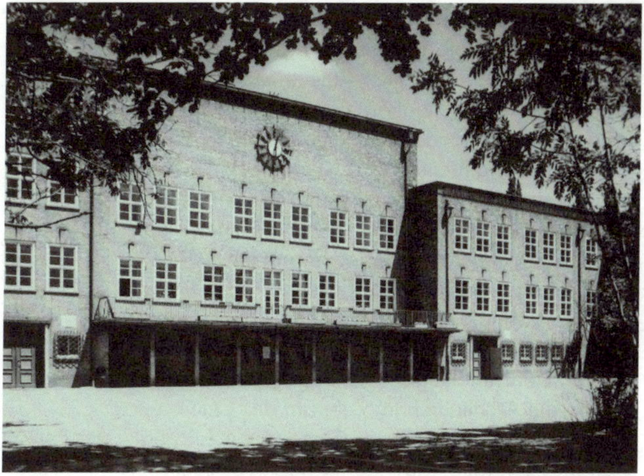

43 Pestalozzischule

Vor dem Hamstertor 12
Erbaut: 1928/29, Architekten: Wilhelm Jost und Walter Engels

Die Pestalozzischule in Halle (Saale) war zu ihrer Zeit eine der ersten Hilfsschulbauten in Deutschland. Sie befindet sich im nördlichen Bereich des Stadtteils *Am Gesundbrunnen* am Böllberger Weg im Süden der Stadt. Das von Stadtbaurat Wilhelm Jost unter Beteiligung des halleschen Architekten Walter Engel erarbeitete Gebäude stellt als flach gedeckte, dreigeschossige Dreiflügelanlage aus weiß gefugten Klinkern ein für Halle (Saale) qualitätsvolles Beispiel sachlich-funktionaler Backsteinar-

chitektur dar. Es vereint sowohl traditionelle als auch expressive Elemente des Neuen Bauens. Geplant und gebaut wurde die Hilfsschule im Zuge der Gestaltung der Gartenstadt *Am Gesundbrunnen*. Dies bot dem Schulgelände ausreichend Platz für einen Schulgarten und Freiluftklassen.
Die Seitentrakte des fast kastellartig wirkenden Baukörpers sind mit markanten, zylindrischen Treppentürmen gekennzeichnet sowie mit langen, hellen Korridoren, mit Waschbecken und Trinkbrunnen ausgestattet und bieten auf jeder Etage Platz für zwei große Klassenzimmer für je 20 Schülerinnen und Schüler. Der Mittelflügel weist dagegen kurze Flure auf, da die Architekten im Zentrum des Querbaus unterschiedliche Verwaltungsräume, einen Zeichensaal, die Turnhalle und einen großen Festsaal anordneten. Mit ihrem funktionalen Raumprogramm kann die Pestalozzischule als Musterbeispiel für den modernen Schulbau der Weimarer Republik gelten.

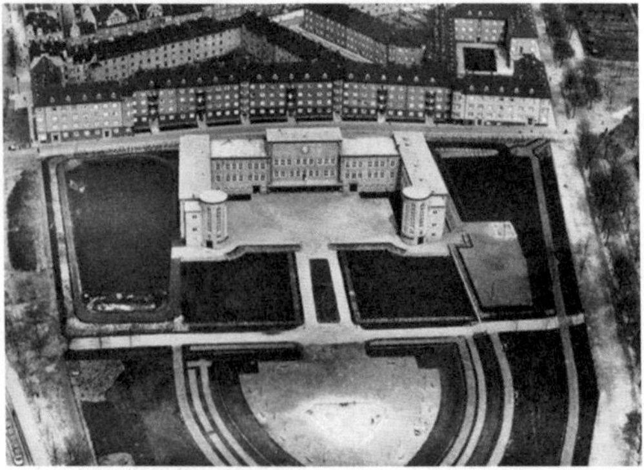

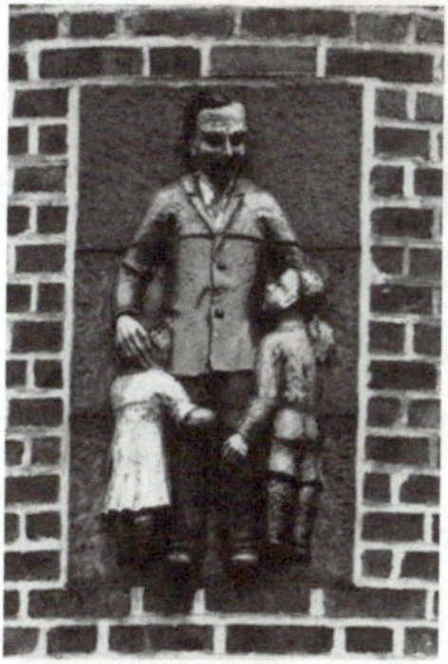

Als Vertreter einer traditionsbewussten Moderne bemühte sich Stadtbaurat Jost stets bei der Errichtung kommunaler Bauten darum, hallesche oder auswärtige Künstler zu beteiligen. Besonders eindrucksvoll charakterisierte der Bildhauer Richard Horn den Bau mit keramischem Schmuck. Horn schuf insgesamt 27 figürliche Darstellungen in farbig glasierter Keramik, die an den Außenfassaden der Rundtürme wie auch an den Wandbrunnen auf den Korridoren verbaut wurden. Die Reliefplatten im Außenbereich sind jeweils aus neun aneinandergereihten Tafeln montiert, die unter anderem Pestalozzi selbst, tanzende Kinder oder Angehörige handwerklicher Berufe zeigen.

Für die Schuluhr wählte Richard Horn eine sehr originelle Gestaltung: Er nutzte anstatt der Ziffern zwölf aus glasiertem Ton gefertigte und leuchtend bunt bemalte Kinderfiguren, die alle unterschiedliche Tätigkeiten des Schulalltags symbolisieren. Mit einem Durchmesser von 2,3 Metern ist die Schuluhr nicht nur bereits von Weitem sichtbar, sie war zum damaligen Zeitpunkt auch die erste Uhr ihrer Art in Deutschland.

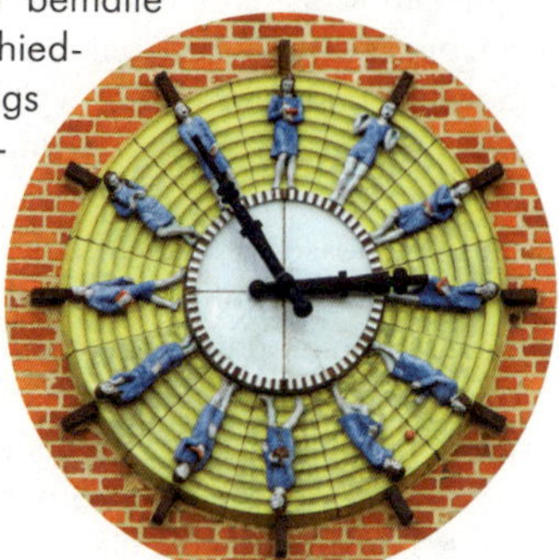

Richard Horn, Pestalozzi mit Kindern, um 1930 sowie Schuluhr, 1928/29

EINE STADTKRONE FÜR HALLE

von Walter Gropius bis Richard Paulick

44 Verwaltungs- und Kulturzentrum

Heinrich-Heine-Felsen

Die Stadt Halle (Saale) lobte 1927 einen ambitionierten Architekturwettbewerb aus, der für Schlagzeilen sorgte. Auf Lehmanns Felsen (seit 1956 Heinrich-Heine-Felsen genannt), einem direkt an der Saale gelegenen Porphyrfelsen, sah die Ausschreibung ein modernes Verwaltungs- und Kulturzentrum vor, das neben einer Stadthalle mit Konzert- und Festsaal auch ein Museum, ein Sportstadion und ein Restaurant bieten sollte.
Das Projekt wurde jedoch nicht realisiert, obwohl renommierte Architekten wie Walter Gropius, Peter Behrens, Hans Poelzig, Wilhelm Kreis, Emil Fahrenkamp und Paul Bonatz zur Teilnahme am Wettbewerb eingeladen worden waren. Aus Halle (Saale) beteiligten sich neben Karl Völker, Martin Knauthe und Friedrich Kallmeyer auch Richard Schmieder an dem Aufruf. Insgesamt standen 24 Entwürfe zur Disposition, die über die Jahrzehnte völlig in Vergessenheit gerieten. Durch glückliche Umstände wurden sie vor einigen Jahren wiederentdeckt. Walter Gropius' Projekt bestach unten den eingereichten Vorschlägen durch seine mutige, zukunftsweisende Idee. Es verwundert deshalb nicht, dass gerade er bei seinen Zeitgenossen auf Unverständnis stieß, war er doch seiner Zeit weit voraus. Gropius' Entwurf für die hallesche Stadtkrone fiel in die produktivste und erfolgreichste Phase seines Schaffens. Ein Jahr zuvor war das Bauhausgebäude in Dessau eingeweiht worden, der Wettbewerb für das Arbeitsamt

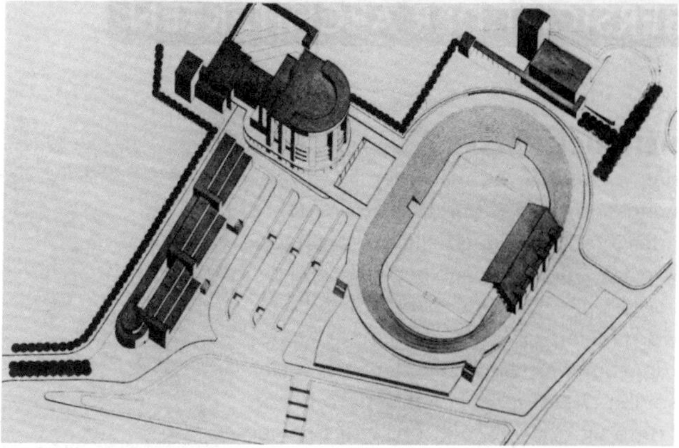

Entwurf von Walter Gropius

in Dessau, den er für sich hatte entscheiden können, war wenige Monate zuvor gelaufen. Richard Paulick, der damals in Gropius' Büro arbeitete, war intensiv am halleschen Wettbewerbsentwurf beteiligt. Paulick sollte erneut in den 1960er-Jahren eine maßgebliche Rolle als Chefarchitekt für Halle-Neustadt spielen und das städtische Bild der Saalestadt bis in die heutige Zeit prägen. Nahezu alle eingereichten Entwürfe des Wettbewerbs spiegeln die Bandbreite visionärer Fantasien und deren Einfluss auf das Neue Bauen während der 1920er-Jahre wider. Größere Bauvorhaben wurden wegen der verfestigten Verwaltungsstrukturen in der Weimarer Republik leider nur selten auf der Grundlage von Wettbewerbsergebnissen umgesetzt oder von freien Architekturbüros weiterbearbeitet. Dass gerade die Stadt Halle (Saale) einen Wettbewerb dieser Größenordnung ausgeschrieben hatte, kann heute als umso bemerkenswerter gelten – auch wenn er nie realisiert wurde.

ÜBERSICHT DER ARCHITEKTEN

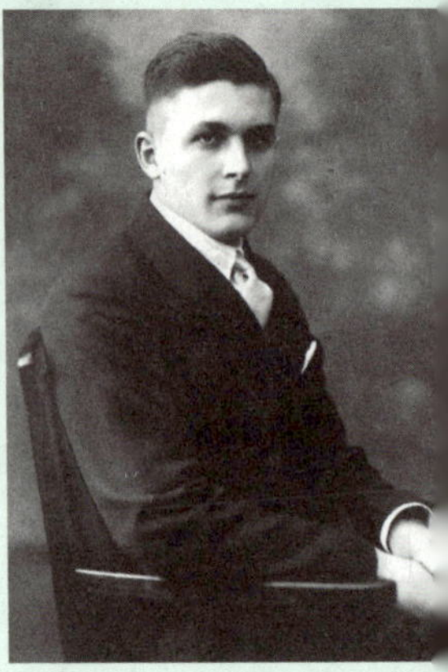

HEINRICH FALLER (1895–1945) war der wichtigste Architekt der Kleinwohnungsbau Halle AG und wurde drei Jahre nach ihrer Gründung zu ihrem Vorstandsvorsitzenden berufen. Nach dem Studium in München, Darmstadt und Karlsruhe erwarb Fallen 1925 den Titel eines Regierungsbaumeisters. Mitte 1926 trat Faller seinen Dienst im Architekturbüro Bruno Föhre in Halle (Saale) an. Eines seiner ersten Projekte für die Kleinwohnungsbau AG waren die Mehrfamilienhäuser im mittleren Teil der Benkendorfer Straße. Dort hatte der Architekt bereits für die Genossenschaft Bund der Kinderreichen gebaut. Faller sorgte dafür, dass die Projekte der beiden Gesellschaften harmonisch nebeneinander entstanden. 1926 baute Faller in der Siedlung am Stadtgutweg neue Häuserzeilen und 1927 in der Damaschke-/Elsa-Brändström-Straße einen Block mit 13 Häusern. In den 1930er-Jahren entstanden unter Fallers Regie erste Teile des Landrains gegenüber dem Gertraudenfriedhof. In diesen Jahren baute Faller auch den Reilshof. Fast alle Wohnanlagen und Siedlungen der Kleinwohnungsbau Halle AG bis in die 1930er-Jahre, wie u. a. auch die Siedlung Vogelweide, die 520 Kleinstwohnungen Platz bot, wurden von Faller geprägt.

Moderne Bauten in Halle: 3

BRUNO FÖHRE (1883–1937) war der Sohn eines Baumeisters in Halle-Trotha. Nach einer Ausbildung an der Baugewerkschule Höxter und der Technischen Hochschule Aachen war er ab 1905 in Aachen bei Georg Frentzen und Karl Sieben tätig. Seit 1907 arbeitete er selbstständig in Halle (Saale) und unterhielt gemeinsam mit seinem Bruder Arthur Föhre das Büro für Architektur und Ingenieurbau. Bruno Föhre schuf in Halle (Saale) visionäre Kaufhausbauten, die berühmt geworden sind.

Moderne Bauten in Halle: 19 22 23

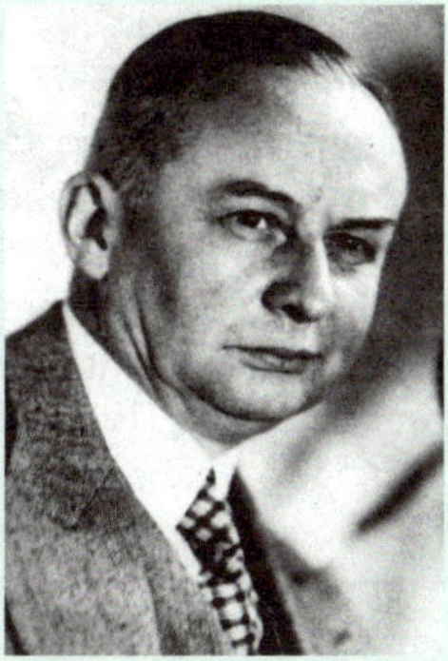

HERMANN FREDE (1883–1965) absolvierte eine Ausbildung an der Baugewerkeschule in Münster. Im Anschluss erhielt er eine Anstellung bei dem Architekten Muths in Münster, wurde Mitglied im Bund Deutscher Architekten und führte ab 1912 sein eigenes Architekturbüro in Halle (Saale). Frede gehörte zu den wichtigsten Architekten der Stadt. In den 1920er-Jahren beschäftigte er in seinem Architekturbüro bis zu 30 Angestellte. Zu seinen Werken zählen die Siedlung am Johannesplatz sowie zahlreiche Verwaltungs- und Industriebauten sowie Geschäftshäuser. Nach dem Zweiten Weltkrieg arbeitete Frede im Entwurfsbüro des Unternehmens Hochbau Halle/S. als leitender Architekt, später auch wieder als freier Architekt für die Werterhaltung und Reparatur von Altbauten und für private Bauvorhaben.

Moderne Bauten in Halle: 1 33

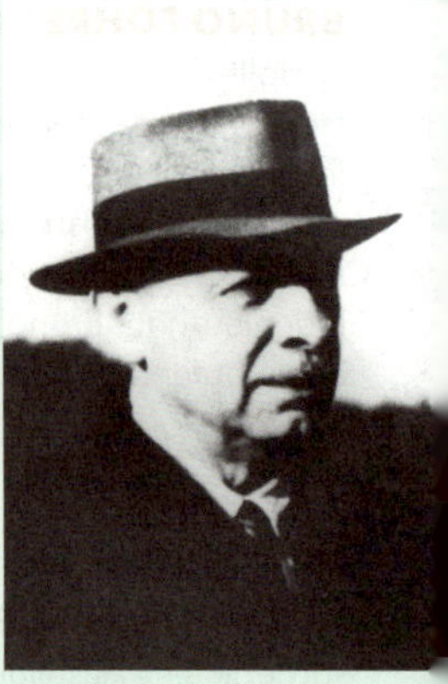

WILHELM JOST (1874–1944) übernahm nach seiner Ausbildung die Tätigkeit als Regierungsbeauftragter im hessischen Staatsdienst und arbeitete als Regierungsbaumeister in Gießen und Friedberg. 1905 wurde er Vorsitzender der Baubehörde für die Neubauten der Kuranlagen in Bad Nauheim.

In der Zeit von 1912 bis 1939 wirkte er als Stadtbaurat in Halle (Saale). Er hatte bereits vor 1914 einen großen Anteil an Konzepten für den Wohnungsbau und die Stadtentwicklung, die aber erst ab 1918 verwirklicht wurden. Die Gartenstadt- und Eigenheimbewegung sowie maßgebliche Tendenzen des modernen Städtebaus bestimmten zunehmend Josts Auffassungen und damit den halleschen Wohnungs- und Siedlungsbau.

Mitte der 1920er-Jahre entstand unter seiner Leitung der erste Generalbebauungsplan für die Stadt. Auch der Wasserturm Süd am Lutherplatz (1927/28), der Ratshof am Marktplatz, das Stadtbad, die Sparkasse in der Rathausstraße und die 1937 errichtete Mitteldeutsche Kampfbahn (später Kurt-Wabbel-Stadion, heute Erdgas-Sportpark) gehen auf den Stadtbaurat Jost zurück. Er gilt heute als der wichtigste Stadtplaner in Halle (Saale) in der ersten Hälfte des 20. Jahrhunderts.

Moderne Bauten in Halle: 2 5 6 7 8 9 15 26 35 37 41 42 43

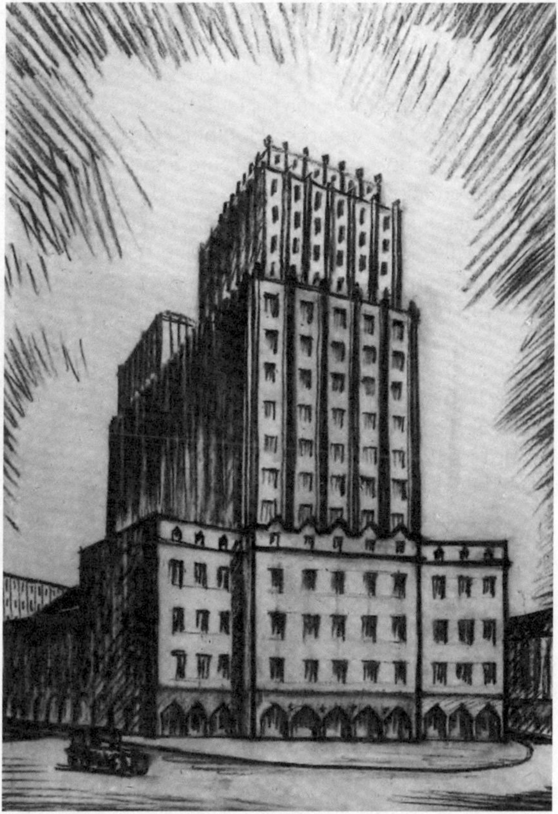

nicht realisierter Entwurf für das Arbeitsamt am Steintor von Wilhelm Jost

MARTIN KNAUTHE (1889–1942) studierte von 1907 bis 1910 an der Dresdener Kunstgewerbeschule in der Fachklasse für architektonisches Kunstgewerbe. Seine Lehrer waren Richard Ludwig Weiße, Wilhelm Kreis und Alexander Hohrath. Neben seinem Studium absolvierte er eine Lehre zum Tischler und eine praktische Ausbildung in den Deutschen Werkstätten für Handwerkskunst. 1913 zog er nach Halle (Saale) und wurde zunächst Mitarbeiter im Büro Arthur und Bruno Föhre. Von 1914 bis 1916 wirkte er als Angestellter am Hochbauamt der Stadt. In der Zeit von 1916 bis 1918 arbeitete er für Bruno Paul in Berlin, danach bis 1932 freiberuflich als Architekt in Halle (Saale). 1932 übersiedelte er in die Sowjetunion, wurde dort 1938 verhaftet und verstarb in einem Lager in Woshajel.

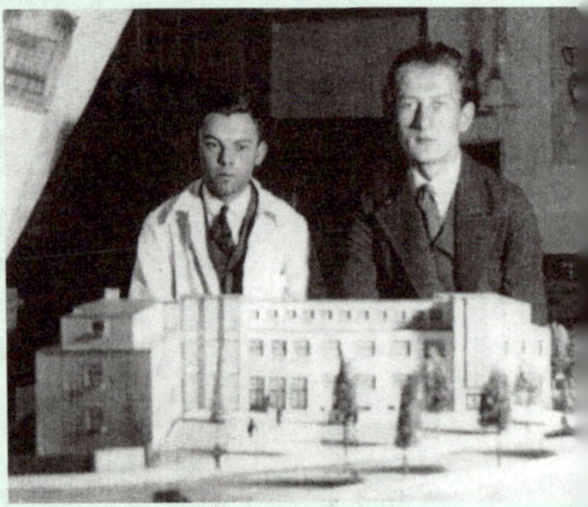

Knauthe schuf in Halle (Saale) Büro- und Verwaltungsbauten progressiven Charakters und erregte mit seinen sachlich-nüchternen Gebäuden Interesse bei der gesamten deutschen Architektenschaft.

Moderne Bauten in Halle: 18 34 36

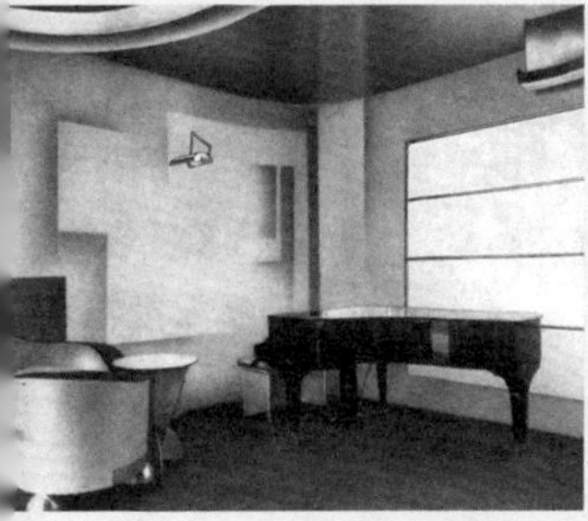

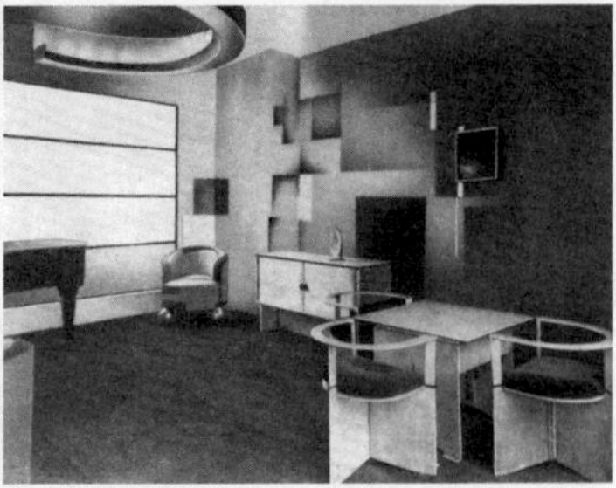

← Martin Knauthe (rechts) und Wilhelm Möbius im Atelier mit dem ersten Modell des AOK-Gebäudes, 1928 | ↗ Der Aluminiumraum auf der Jahresschau deutscher Arbeit, Dresden 1925, Architekten Knauthe und Gellhorn

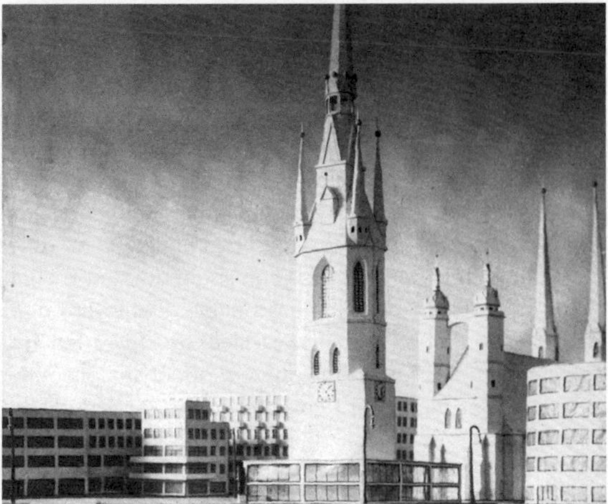

Entwurf für die Neugestaltung des Marktplatzes in Halle, Modell, 1927

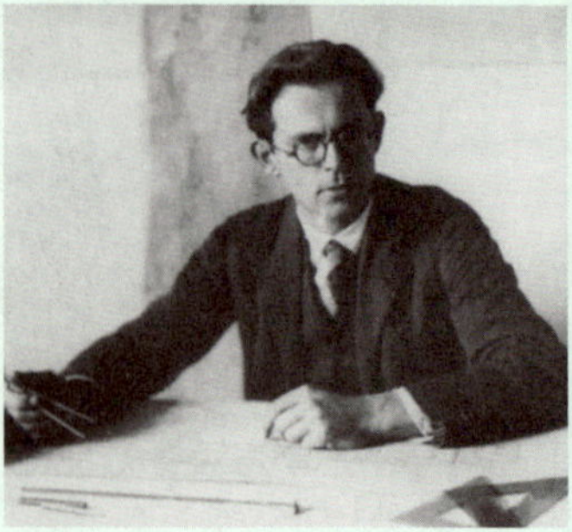 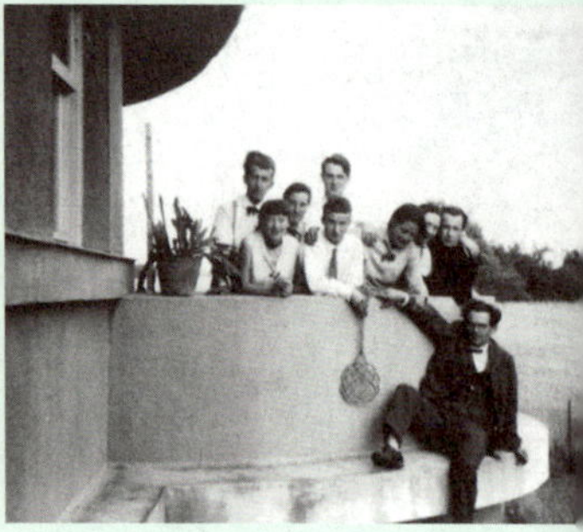

JOHANNES NIEMEYER (1889–1980) war der Sohn des Völkerrechtlers Theodor Niemeyer und Bruder des Malers Otto Niemeyer-Holstein. 1908 nahm er ein Architekturstudium in München auf, absolvierte danach von 1919 bis 1920 eine Tischlerlehre in den Deutschen Werkstätten Dresden-Hellerau und wirkte im Anschluss von 1921 bis 1924 als Professor und Leiter der Fachklasse für Raumausstattung an der Kunstgewerbeschule Burg Giebichenstein in Halle (Saale). Seit 1924 arbeitete Niemeyer zunächst freischaffend als Architekt in Halle (Saale), verlegte jedoch 1928 seinen Wirkungskreis nach Berlin. Seine Tätigkeit konzentrierte sich in der Folgezeit vorrangig auf den Wohnungsbau. Nach dem Zweiten Weltkrieg arbeitete Niemeyer hauptsächlich als Maler, war aber auch als Architekt an Entwürfen in Ostberlin beteiligt. Er gehörte 1955 zu den Gründungsmitgliedern des Freien Verbandes Bildender Künstler Berlins und hinterließ als Maler und Zeichner ein reiches Œuvre.

Moderne Bauten in Halle: 31

↗ *Fest im Hause Niemeyer, 1927, (auf dem Dachvorsprung: Johannes Niemeyer)*

WILHELM ULRICH (1890–1971) wurde in Pfungstadt nahe Darmstadt geboren. Nach dem Ersten Weltkrieg war er beruflich von 1919 bis 1921 als Stadtbaurat in München tätig. 1921 heiratete er und zog nach Halle (Saale). Hier arbeitete er bis 1930 im Büro seines Onkels Gustav Wolff und führte dieses nach dessen Tod bis zur Schließung 1939 fort. In Halle (Saale) beschäftigte sich Wilhelm Ulrich nicht nur mit Verwaltungsbau und der Siedlungsarchitektur, sondern insbesondere mit dem Sechseck als Element des Neuen Bauens. Zunächst erprobte er diese Form bei der Errichtung seines eigenen Wohnhauses, des sogenannten Hauses *Zu den sieben Waben,* das sich am Ratswerder 7 in Halle (Saale) befindet. Ein weiteres, sehr eindrucksvolles Beispiel dieser Architekturform ist die Pfarrkirche *Zur Heiligsten Dreieinigkeit* in der Lauchstädter Straße im Süden der Stadt. Seine Tätigkeit für jüdische Bauherren und sein intellektuelles Engagement hinderten ihn am Zuspruch der NS-Diktatur. In seiner Heimatstadt Pfungstadt gelang ihm nach dem Zweiten Weltkrieg jedoch nur ein mäßiger Neuanfang.

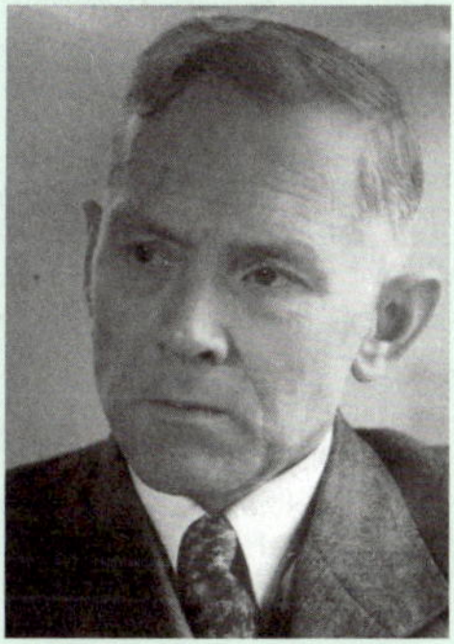

Moderne Bauten in Halle: 21 28 32 40

Weiterführende Quellen

Archivalien

Stadtarchiv Halle (StaH): Akten Statistisches Amt, Akten Wohnungsamt, Personalakten/Familienarchiv, Bauakten, Fotoarchiv, Nachlässe, weitere Sammlungen

Literatur

Moderne Typen, Fantasten und Erfinder. Große Pläne! zur Angewandte Moderne in Sachsen-Anhalt 1919–1933. Hrsg. für die Stiftung Bauhaus Dessau von Claudia Perren, Torsten Blume und Alexia Pooth. Bielefeld; Berlin 2016.

Land der Moderne: Annäherung an einen Aufbruch in Gesellschaft, Wirtschaft und Kultur. Hrsg. von Christian Antz, Andreas Hillger und Janos Stekovics in der Reihe Kulturreisen in Sachsen-Anhalt, Band 15. Dößel 2016.

Detailverliebt: Zierwerk, Bauwerk, Stadtwerk. Denkmalgeschützte Bauwerke der Stadtwerke Halle. Hrsg. von der SWH Stadtwerke Halle GmbH. Halle (Saale) 2015.

Das Kinobuch: Lichtspielhäuser in Halle an der Saale. Hrsg. von Thomas Jeschner in der Reihe der *Mitteldeutschen kulturhistorischen Hefte.* Halle (Saale) 2013.

Gebaut habe ich genug: Wilhelm Jost als Stadtbaurat in Halle an der Saale (1912–1939). Hrsg. von Mathias Homagk in der Reihe der Mitteldeutschen kulturhistorischen Hefte im Hasenverlag. Halle (Saale) 2013.

1922–2012: Neun Jahrzehnte kommunaler Wohnungsbau in Halle. Hrsg. von der HWG Halleschen Wohnungsgesellschaft mbH als Sonderbeilage der Mieterpost. Halle (Saale) 2012.

Von Arendsee bis Zeitz: 100 Bauten aus 1000 Jahren. Die Architektur Sachsen-Anhalts in sechs Regionen. Hrsg. von Petra Heise und Cornelia Heller für die Architektenkammer Sachsen-Anhalt in der Reihe Architektouren durch Sachsen-Anhalt. Petersberg 2011.

Von der Mietskaserne zur Gartenvorstadt: Siedlungs- und sozialer Wohnungsbau während der Weimarer Republik in Halle. Hrsg. von Kerstin Küpperbusch im Auftrag des Vereins für hallische Stadtgeschichte e.V. von Thomas Müller-Bahlke, Andreas Ranft und Holger Zaunstöck. Halle (Saale) 2010.

Da wackelt die Ruine: Feste der Kunsthochschule Burg Giebichenstein. Hrsg. von Angela Dolgner und Renate Luckner-Bien in der Reihe der *Mitteldeutschen kulturhistorischen Hefte.* Halle (Saale) 2009.

Glamour, Glanz, Geschwindigkeit? Die 20er Jahre in Halle. Hrsg. von Heidi Ritter und Eva Scherf in der Reihe der *Mitteldeutschen kulturhistorischen Hefte.* Halle (Saale) 2008.

Die Kultur der 20er Jahre. Hrsg. von Werner Faulstich in der Reihe *Kulturgeschichte des 20. Jahrhunderts.* Paderborn; München 2008.

Wie Halle ins Rollen kam. 125 Jahre Nahverkehr in der Saalestadt. Hrsg. von Olaf Thomsen für die Hallesche Verkehrs-AG. Halle (Saale) 2007.

Die Kirchen der Stadt Halle. Hrsg. von Peggy Grötschel unter Mitarbeit von Christiana Schulz und Matthias Behne. Halle (Saale) 2006.

Halle im 19. Und 20. Jahrhundert. Hrsg. von Werner Freitag und Katrin Minner, Bd. 2

in der Reihe *Geschichte der Stadt Halle*. Halle (Saale) 2006.

Die 20er Jahre: Mode, Graphik, Kunstgewerbe aus den Sammlungen des Münchner Stadtmuseums. Katalog zur Ausstellung *Die Zwanziger Jahre – Mode, Graphik, Kunstgewerbe im Modemuseum des Münchner Stadtmuseums* vom 22. April 2005 bis 5. März 2006. München 2006.

Historische Schulgebäude der Stadt Halle (Saale). Hrsg. von Dieter Dolgner in Zusammenarbeit mit Angela Dolgner für die Freunde der Bau- und Kunstdenkmale Sachsen-Anhalt e.V. Halle (Saale) 2003.

Der historische Marktplatz der Stadt Halle (Saale). Hrsg. von Dieter Dolgner in Zusammenarbeit mit Angela Dolgner und Erika Kunath für die Freunde der Bau- und Kunstdenkmale Sachsen-Anhalt e.V. Halle (Saale) 2001.

Architekturführer Halle an der Saale. Hrsg. von Holger Brülls und Thomas Dietzsch. Berlin 2000.

Sportlich, sachlich, männlich: Das Bild der „Neuen Frau" in den Zwanziger Jahren. Zur Konstruktion geschlechtsspezifischer Körperbilder in der Mode der Jahre 1920 bis 1920. Hrsg. von Gesa Kessemeier. Dortmund 2000.

Historische Kaufhäuser der Stadt Halle (Saale). Hrsg. von Dieter Dolgner in Zusammenarbeit mit Angela Dolgner für die Freunde der Bau- und Kunstdenkmale Sachsen-Anhalt e.V. Halle (Saale) 2000.

Martin Knauthe, ein hallescher Architekt der klassischen Moderne 1889–1942. Hrsg. von Dieter Dolgner und Tino Herrmann für die Freunde der Bau- und Kunstdenkmale Sachsen-Anhalt e.V. Halle (Saale) 1999.

Hermann Frede, ein hallescher Architekt zwischen Tradition und Moderne 1883–1965. Hrsg. von Dieter Dolgner und Jens Lipsdorf für die Freunde der Bau- und Kunstdenkmale Sachsen-Anhalt e.V. Halle (Saale) 1998.

Historische Villen der Stadt Halle (Saale). Hrsg. von Dieter Dolgner in Zusammenarbeit mit Angela Dolgner für die Freunde der Bau- und Kunstdenkmale Sachsen-Anhalt e.V. Halle (Saale) 1998.

Historische Bauten und Anlagen der Stadttechnik und des Verkehrs der Stadt Halle (Saale). Hrsg. von Dieter Dolgner in Zusammenarbeit mit Jens Lipsdorf die Freunde der Bau- und Kunstdenkmale Sachsen-Anhalt e.V. und das Landesamt für Denkmalpflege Sachsen-Anhalt. Halle (Saale) 1997.

Stadt Halle. Erarb. Von Holger Brülls und Dorothee Honekamp. Hrsg. vom Landesamt für Denkmalpflege Sachsen-Anhalt, Bd. 4 der Reihe Denkmalverzeichnis Sachsen-Anhalt. Halle (Saale) 1996.

Historische „Wasser-Bauten" der Stadt Halle (Saale). Hrsg. von Dieter Dolgner in Zusammenarbeit mit Jens Lipsdorf für das Landesamt für Denkmalpflege Sachsen-Anhalt und die Freunde der Bau- und Kunstdenkmale Sachsen-Anhalt e.V. Halle (Saale) 1995.

Burg Giebichenstein: die Kunstgewerbeschule unter Leitung von Paul Thiersch und Gerhard Marcks 1915 bis 1933. Hrsg. von Katja Schneider. Weinheim 1992.

Architektouren durch Sachsen-Anhalt – Neues Bauen im Land von Reformation und Moderne. Hrsg. Architektenkammer Sachsen-Anhalt, Petersberg 2018.

Bildnachweis: Alfred Zscherpel (Sammlung Alfred Zscherpel, Stadtarchiv Halle): 122 | Angela Dolgner, Halle: 112 | Annemarie Giegold-Schilling (Sammlung Annemarie Giegold-Schilling, Stadtarchiv Halle): 22, 62/63 | Bauhaus-Archiv Berlin: 109–110 | Bauverein Denkmal GmbH, Wolfgang Möller: 17, 42 | Christin Müller-Wenzel, Halle: 77, 81 | Erich Fritze, Halle: 102 | Freunde und Förderer des Kunstmuseums Moritzburg e. V. und VG Bild-Kunst Bonn, 2018: 87, 88, 90 | Germanisches Nationalmuseum, Deutsches Kunstarchiv: 128 | Gert Schütze, Halle: 64, 92 | Hans Finsler (Sammlung Hans Finsler, Stadtarchiv Halle): 19, 24–28, 47–48, 50, 59, 80, 82–83, 96–99, 115, 119 | Historische Postkarten, Stadtarchiv Halle: 13, 16, 20, 106 | Josef Münzberg, PGH Fotodienst, Stadtarchiv Halle und VG Bild-Kunst Bonn, 2018: 46, 66, 94, 121 | Junkers Luftbild, Stadtarchiv Halle: 30 | Matthias Kunkel, Halle: 38–39, 43–44, 56, 65, 69, 79, 88, 90, 95, 100–101, 103, 105, 107, 114 | Max Strauch (Sammlung Max Strauch, Stadtarchiv Halle): 36, 60, 63, 71, 74, 104 | Nachlass Hannes Miehlich, Stadtarchiv Halle: 93 | Nachlass Wilhelm Ulrich, Stadtarchiv Halle: 129 | Photo-Pieperhoff, Stadtarchiv Halle: 20 | Sammlung Heinz Rauschenberg, Stadtarchiv Halle: 28/29, 30/31 | Sebastian Bergner, Halle: 76 | Stadt Halle (Saale)/Thomas Ziegler: 60, 62, 65, 71, 73 | Stadtarchiv Halle: 18, 21, 23, 32–34, 40, 51–55, 58–59, 68, 70, 72, 75, 81, 83–85, 99, 115–116, 123–127 | Walter Danz (Sammlung Walter Danz, Stadtarchiv Halle): 21, 28/29, 68, 117 | Walter Bönig (Sammlung Walter Bönig, Stadtarchiv Halle): 101, 118 | Werner Ziegler, Halle: 10, 57.